मानवीय करुणा और दलितोत्थान की कहानियाँ

लेखक

डॉ. श्याम सुन्दर बैरवा

यह पुस्तक समाज के उन

समस्त महानुभावों को

सादर समर्पित है

जो

दलित समाज के प्रति

सहृदय रहकर

इसके उत्थान में

योगदान दे रहे हैं।

अनुक्रमणिका

लेखक परिचय

डॉ. श्याम सुन्दर बैरवा का जन्म 26 अक्टूबर 1971 ई. को जयपुर में हुआ। आपके पिताजी श्री सुखलाल बैरवा (आर्य) आर्य समाजी विचारधारा के हैं, जिसका स्पष्ट प्रभाव आपकी लेखनी पर है। माता श्रीमती लाड़ादेवी अच्छी गृहणि हैं। आपकी पहली कहानी 16 वर्ष की आयु में बैरवा ज्योति में छपी। आपके लेखन की दिशा दलित शोषित एवं पीड़ित समाज के उत्पीड़न, समस्याओं और उत्थान की तरफ हैं। अब तक विभिन्न पत्र–पत्रिकाओं में 325 के आसपास लेख, विचारकण, कहानियाँ, कवितायें आदि छप चुके हैं।

शिक्षाः–हथकरघा प्रौद्योगिकी में डिप्लोमा, वस्त्र रसायन में बी. ई और मास्टर ऑफ टेक्नोलॉजी, समाजषास्त्र में एम ए और ज्व प्उचतवअम जीम ॅमजजंइपसपजल व िच्वसलमेजमत थ्इतपब विषय पर सन 2023 में राजस्थान तकनीकी विष्वविद्यालय कोटा से पी एचडी डॉ. वीरेन्द्र कुमार गुप्ता के निर्देषन में पूर्ण की।

पुरस्कार– 1. राष्ट्रपति रोवर स्काउट अवार्ड 1996

2. यूनेस्को भीलवाड़ा ईकाई द्वारा साहित्य सौरभ (हिन्दी दिवस 2024)

सम्प्राप्तिः–माणिक्यलाल वर्मा टेक्सटाईल्ज एवं इंजीनियरिंग कॉलेज, भीलवाड़ा, राजस्थान में वस्त्र रसायन विभाग में सहायक प्रोफेसर।

1. सबक

''यदि तुम नियमित रूप से कक्षा में नहीं आओगे, तो परीक्षा में नहीं बैठ सकोगे, यह बात तुम्हें पता है ?'' मैंने सामने सिर झुकाये खड़े लड़के से यह बात जरा सख़्त लहज़े में पूछी।

''.................'' वह चुपचाप खड़ा रहा।

''जवाब दो, चुपचाप क्यों खड़े हो ?'' मैं फिर सख्ती से बोला।

''..............''

''ठीक है, तुम जाओ, मुझे ही कुछ करना पड़ेगा।'' मैंने दीर्घ निःश्वास छोड़ते हुए कहा।

श्रीमान अतरसिंह जी,

      नमस्कार,

      आपका पुत्र राजेन्द्र सिंह पिछले तीन महीनों से नियमित रूप से कक्षायें नहीं कर रहा है। इसकी उपस्थिति मेरे स्वयं के विषय में ही 30 में से मात्र छह ही है। अन्य विषयों में भी यही हाल है। कृपया पत्र मिलते ही मुझसे व्यक्तिगत रूप से सम्पर्क करें ।

      कुल मिलाकर यही सार था उस पत्र का जो मैंने राजेन्द्र के पिता के नाम लिखा था।

      पाँच दिन बाद, जब मैं तृतीय वर्ष की कक्षा लेकर आ रहा था, एक अत्यन्त वृद्ध, लेकिन रौबदार व्यक्ति और एक अधेड़ को अपने चेम्बर के बाहर प्रतीक्षा करते पाया। वृद्ध की उम्र 80–85 वर्ष अवष्य ही रही होगी। अधेड़ यही कोई 50–55 के आसपास। चेम्बर खोलकर मैंने उनको बैठने का इषारा किया और लेब में हाथ धोने चला गया जो मेरे चेम्बर से ही इस तरह जुड़ी हुई थी कि वहाँ से

चेम्बर की एक–एक गतिविधि देखी जा सकती थी। दोनों ही उद्विग्न नेत्रों से कमरे का मुआयना कर रहे थे। अलमारी के ऊपर रखी बाबा साहेब की तस्वीर देखकर एकबारगी वृद्ध का चेहरा वितृष्णा से भर गया, जो मुझसे छिपा नहीं रहा।

''कहिये, मैं आपकी क्या सेवा कर सकता हूँ ?'' मैंने गीले हाथों को रुमाल से पौंछते हुए कहा।

''जी नमस्कार। हम अलवर से आये हैं। राजेन्द्र मेरा बेटा है। आपका कागज़ मिला तो पढ़ते ही हम चल पड़े।'' अधेड ने हाथ जोड़कर नमस्कार किया और एक ही साँस में सब कहते हुए अपने कुर्ते की जेब से मुड़ा–तुड़ा एक पोस्टकार्ड निकाल कर टेबल पर खोल कर रख दिया।

'अच्छा, तो यह बात है।' मैंने मन ही मन कहा।

''देखिये, मैं राजेन्द्र का क्लास टीचर हूँ। उसकी किसी भी विषय में उपस्थिति अच्छी नहीं है। वह न तो पढ़ाई में ध्यान देता है और न ही कक्षा में बैठता है। न मालूम आप उसको इतना अनाप–षनाप पैसा क्यों भेजते हैं। मैं तो उसे जब भी देखता हूँ यार–दोस्तो के साथ कैन्टीन में या फिर फर्राटे से बाइक चलाते ही देखता हूँ। उसने अभी तक कोई परीक्षा या टेस्ट नहीं दिया है। बस टाईम पास कर रहा है।'' मैंने नपे–तुले शब्दों में अपनी बात कही।

''पैसों का तो क्या है जी कि लड़का मंगाता है तो भेजना ही पड़ता है। किसी ऐसे–वैसे कंगाल खानदान का तो है नहीं जो रुपये–पैसों को तरसे। पुराने जागीरदार खानदान से है।''वृद्ध ने रौबदार आवाज में कहा। धन का घमण्ड और उससे भी अधिक जागीरदार खानदान का होने का घमण्ड वृद्ध के चेहरे पर साफ झलक रहा था। मैं मन ही

मन मुस्कुराया कि रस्सी जल गई लेकिन ऐंठन अभी भी बाकी है।

''किस जागीर से हैं आप?'' मैंने जानकारी चाही।

''हम खेड़ली के जागीरदार रहे हैं। क्या दिन थे........'' वे कुछ और बोलना ही चाह रहे थे कि मैंने उनकी बात काटी, ''बहुत अच्छा।'' अचानक मेरे दिमाग में कुछ कौंधा,'खेड़ली! लक्ष्मणगढ़!! कहीं ये वही तो नहीं?'

पचास–पचपन साल पुरानी घटना, जो अक्सर मैं घर पर पिताजी के मुँह से सुना करता था, चलचित्र की भाँति मेरे दिमाग में चलने लगी। अपना घर–गृहस्थी का थोड़ा–बहुत सामान सगड़ (एक प्रकार की बैलगाड़ी, जिसमें गाड़ीवान के पीछे बैठने का भाग नीचे की तरफ अर्द्धवृत्ताकार होता था, ताकि सामान रखा जा सके।) में लादे सूर्योदय के पूर्व घर छोड़कर जाते मेरे दादाजी दृष्यमान हुए।

''तो अब क्या यह परीक्षा में नहीं बैठेगा ?'' अधेड़ की आवाज सुनकर मैं वर्तमान में आया।

''देखिये, हाईकोर्ट का आदेष तो 75 प्रतिषत उपस्थिति का है। यदि इससे कम उपथित होती है तो कोई भी विद्यार्थी परीक्षा में नहीं बैठ सकता। फिर भी कुछ ढ़ील हम हमारी तरफ से दे देते हैं। उसके बावजूद भी यदि किसी छात्र की उपस्थिति पूरी नहीं होती है तो फिर कोई कुछ नहीं कर सकता है। यह देखिये इसकी उपस्थिति तो बहुत ही कम है।'' कहते हुए मैंने छात्र उपस्थिति रजिस्टर खोलकर उनके सामने फैला दिया और पेन की नोंक राजेन्द्र के नाम के आगे रख दी।

उसकी उपस्थिति देख कर दोनों के तेवर ढीले पड़ गये। अधेड़ ने तो लगभग हाथ जोड़ते हुए कहा,'' मास्टर साब। कुछ तो रियायत कीजिये। ऐसे तो इसकी जिन्दगी बरबाद हो जायेगी।''

''आप इसे समझाइये। कक्षा में रोज आकर बैठ तो सकता है ? यह वह भी नहीं करता है। यार–दोस्तों के साथ गाड़ी पर घूमता रहता है। कैन्टीन में बैठा रहता है। यह अब भी रोज़ कक्षा में आये, पढ़ाई में ध्यान दे, नियमित टेस्ट दे, परीक्षायें दे तो कुछ हो सकता है।'' मैंने उनको समझाने के लिहाज़ से कहा, ''और हाँ, इसे रुपया–पैसा उतना ही भेजिये जितने की जरुरत हो, इतना नहीं कि इसे सोचना पड़े कि इसे खर्च करने के लिये क्या करूँ? समझ गये न आप!'' कह कर मैं सीट से खड़ा हो गया।

''जी अच्छा।'' वे दोनों हाथ जोड़ते हुए उठे। वृद्ध की नजरें उठते–उठते भी अनायास ही बाबा साहेब की तस्वीर की तरफ हो गई और उनके चेहरे का रंग बता रहा था जैसे कि किसी ने उनके मुँह में नीम की पत्ती दे दी हो।

शिष्टता के नाते मैं उनको थोड़ी दूर तक छोडने गया। यही वक्त था जब मैं अपनी जिज्ञासा शांत कर सकता था जो काफी देर से मेरे मस्तिष्क में उथल–पुथल मचाये हुई थी।

''माफ़ कीजियेगा, मै आपका शुभ नाम नहीं जान पाया।'' मैं वृद्ध की ओर मुखातिब होते हुए बोला।

''ठाकुर राजवीर सिंह। ठाकुर राजवीर सिंह नाम है मेरा। वे भी क्या दिन थे मास्टर साहब, जब हमारी सवारी निकलती थी तो प्रजा की आँखें ऊपर नहीं उठती थी। आज यह भी दिन देखना पड़ रहा है। सब भाग्य का खेल

है।'' एक दीर्घ निःष्वांस के साथ उनका वाक्य समाप्त हुआ।

मेरा अनुमान बिलकुल ठीक निकला। ये वही हैं।

''क्या आप माँगी कटिया को जानते हैं ?'' मैंने पूछा।

''माँगी कटिया?'' दिमाग पर जोर डालते हुए वे सोचने लगे। कुछ देर बाद बोले, ''हमारी जागीर का वाषिन्दा था वो। यह लगभग साठ साल पुरानी बात है। एक दिन सुबह बैगार के लिये बुलाया था तो कारिन्दे से कुछ कहा–सुनी हो गई। वह तभी घर छोड़कर दूसरी जागीर में चला गया। बाद में उसे मैंने बुलाया भी था, पर वह नहीं आया। फिर उसका कोई अता–पता नहीं चला।'' बातें परत–दर–परत खुलती गईं। ''पर आप उसे कैसे जानते हैं मास्टर साहब?'' उन्होंने पूछा।

''वैसे ही, कोई खास बात नहीं।'' मैंने टालने के अंदाज में कहा।

'' कोई बात नहीं। वैसे आदमी बहुत ही भला और स्वाभिमानी था।'' उन्होंने कहा।

''जी, वे अब हमारे बीच नहीं हैं। वे मेरे दादाजी थे।'' मैंने सहज भाव से कहा।

वृद्ध ने चकित भाव से मेरी ओर ऐसे देखा, मानों बिच्छू ने डंक मारा हो।

उन दोनों के जाने के बाद मैं अपने चैम्बर में बैठा था। पुरानी यादों ने मुझे फिर घेर लिया। तब देष आजाद नहीं हुआ था। अलवर की रियासत खेड़ली के एक छोटे–से गाँव मण्डावरी में दादाजी रहते थे। राजाओं–ठाकुरों का राज था। गाहे–बेगाहे बेगार के लिये प्रजा को बुलाना आम बात थी। एक दिन सुबह ही कोई काम आ गया, सो

हवेली से इन्हीं जमींदार ने दादाजी को बुलाने के लिये कारिन्दे को दौड़ाया। कारिन्दा दौड़ा और भोर होने से पहले ही दादाजी के घर के बाहर पँहुच गया। कच्चा घर, जिस पर छपरैल पड़ी हुई थी। कुण्डी खटखटाने के बजाय उसने छप्पर पर ही डण्डा बजा दिया, जिससे कुछ फूस नीचे गिर गया। दादाजी कुण्डी खोल कर बाहर आये। फूस बिखरा देख अनमने हो गये। 'अभी तो सूरज भी नहीं उगा और यह कारिन्दा यहाँ ? और यह फूस क्यों गिरा दिया!' कारिन्दे ने उनको हवेली में बुलाये जाने का फरमान सुनाया। उन्होनें अनमने ढंग से कहा कि शौचादि से निवृत होकर आता हूँ। कारिन्दा चला गया। उसके जाते ही उन्होनें घर–गृहस्थी का जो भी सामान था, समेटा और सगड़ पर लाद कर दूसरे गाँव को चले गये। जब दिन काफी चढ़ आया और ये हवेली में नही हाजिर हुए तो कारिन्दे को फिर दौड़ाया गया। पर तब तक दादाजी इनकी जागीर की सीमा पार कर तलावगाँव चले गये थे। बाद में उन्हें बुलाया भी था, पर उन्होंने जाना मुनासिब नहीं समझा और कुछ साल तलावगाँव रह कर श्रीमा में जा बसे। वहीं घर–बार बसाया और जमीन जायदाद खरीदी।

''सर, अग्रवाल जी ने कहा है कि आप चाय पीने चलेंगे क्या ?'' चपरासी की आवाज से मैं लौट कर वर्तमान में आया।

परीक्षायें शुरु होने वाली थीं। इस बीच मैनें राजेन्द्र पर पूरी निगरानी रखी। लेकिन वह कॉलेज में नजर आये तो कुछ कँहू। वही ढाक के तीन पात वाली बात चरितार्थ हो रही थी। उसकी अनुपस्थिति पहले जैसी ही रही।

आज से परीक्षायें शुरु हो रही हैं। मेरी ड्यूटी परीक्षा–कक्ष में लगी है। परीक्षा शुरु होने में मात्र दस मिनट बचे हैं। विद्यार्थी अपना–अपना रोल नम्बर तलाष कर सीट पर बैठ रहे हैं और उत्तरपुस्तिका की प्रविष्टियां भर रहे हैं। राजेन्द्र भी परीक्षा कक्ष में अपनी सीट तलाष कर रहा है, लेकिन काफी देर बाद भी उसे सीट नहीं मिली तो उसने मुझसे पूछा,''सर, मेरी सीट नहीं मिल रही है।'' मैंने कापियां बाँटते हुए ही जवाब दिया,'' आपकी सीट लगी ही नहीं है, आपकी इस पेपर में उपस्थिति कहाँ पूरी है ? आपका नाम तो नोटिस बोर्ड पर डिटेण्ड स्टूडेण्ट्स की लिस्ट में हैं ना।''

वह चुपचाप बाहर चला गया। थोड़ी देर बाद उसके पिताजी आये। आते ही बोले, ''इसको परीक्षा में क्यों नहीं बैठने दिया जा रहा है?'' मैंने कहा, ''जिन–जिन लड़कों की उपस्थिति कम थी, उनको यूनिवर्सिटी ने परीक्षा में नहीं बैठने दिया है। इसके तो रोल नम्बर की सीट भी नहीं लगी है। आपके सामने इतना कहने के बाद भी यह एक दिन भी कॉलेज नही आया। यह उसी का नतीजा है।''

''अब कुछ नहीं हो सकता?'' वो बेबसी से बोले।

''बिलकुल नही। यह इसके लिये एक सबक है। आप इसको समझाओ कि नियमित रूप से कक्षायें करे और टेस्ट आदि दे।'' मैं कुछ और कहने ही वाला था कि पेपर बाँटने का घण्टा बजा और मैं पेपर बाँटने में व्यस्त हो गया। वे दोनों अपना सा मुँह लेकर चले गये।

————————

2. कुर्की

यह कहानी है दलित समाज की प्रथम पीढ़ी के उन सभी पढ़े-लिखे व्यक्तियों की, जो या तो सेवानिवृत हो चुके हैं या होने के कगार पर हैं। क्या हम ही तो रामेष्वर नहीं हैं या आज भी हमारे आसपास ऐसे कितने रामेष्वर मौजूद हैं ? क्या हमारा ऐसे रामेष्वर के प्रति कोई दायित्व बनता है ?

''यह तुमने अच्छा नहीं किया, रामेष्वर। एक ही गाँव का होते हुए भी तुमने मुझसे किस जन्म के बैर का बदला लिया है ?'' अपना सामान-सट्टा समेट ट्रक में चढ़ाते हुए गौरीषंकर शर्मा ने बैंक मैनेजर रामेष्वर लाल बैरवा से कहा।

''भाई गौरीषंकर, इसमें मेरा क्या दोष है ? मैंने तो तुम्हे जितनी हो सकी, उतनी मदद की थी। समय-समय पर तुम्हे चेताया भी था, किस्तें तो तुम्हें ही चुकानी थी, वो तुमने चुकाई नहीं। मैं बैंक का मुलाजिम ही तो हूँ, मालिक तो नहीं। ऊपर के आदेष का पालन तो मुझे भी करना ही पड़ता है।'' उन्होनें अपनी विवषता जताई।

''सब भाग्य का खेल है।'' कहकर गौरीषंकर ने अपने हाथ ऊपर करके जोड़ दिये, मानों आसमान में बैठा भगवान साक्षात् उसका प्रणाम स्वीकार कर रहा हो। उसका मुँह लाचारी, दुख और रंज से लाल-भभूका हो गया।

पण्डित गौरीषंकर शर्मा शहर में वैद्यकी किया करता था। मोटी थुलथुल काया, भारी चेहरा-मोहरा, सिर पर पगड़ी, पैरों में जोधपुरी जूतियाँ, बदन पर धोती-कुर्ता,

आँखों पर चष्मा। कभी कानों में मुर्कियाँ भी झूला करती थीं, परन्तु समय का खेल, अब केवल छेद ही उनके अतीत की कहानी सुनाते नजर आते थे, और आज यह मकान, जो उसने बड़े जतन और मेहनत से बनाया था, वह भी बैंक ने कुर्क करके अपने कब्जे में ले लिया। यह सब उसके अनुसार भाग्य के खेल के अलावा और क्या हो सकता था ?

बैंक की जीप में बैठे मैनेजर रामेष्वरलाल बैरवा यह सब उदास भाव से देख रहे थे। गौरीषंकर शर्मा आखिर तो उनका बालसखा ही था। आसपास दो गाड़ियाँ पुलिस की खड़ी थीं। पुलिसकर्मी इधर–उधर बातें करते हुए घूम रहे थे, पर मुस्तैद थे।

——————

क्या से क्या हो गया, यह किसी को भी उम्मीद नहीं थी।

उनके मस्तिष्क में पुरानी घटनायें चलचित्र की भाँति घूम गईं।

यह कोई चालीसेक बरस पुरानी बात है। तब वे आठ–दस साल के थे।

अपनी बगल में टाट का टुकड़ा दबाये, हाथ में घर में सिले हुए थैले में अपनी स्लेट–बरता और छोटी–छोटी दो किताबें लिये वे गाँव के साथियों के साथ स्कूल आते–जाते थे। यह उनका रोज का नियम था।

लड़कों के दो अलग–अलग दल।

दलों के सदस्य एक–दूसरे से बात जरूर कर लेते थे, पर छूने या कापी–किताबें लेने की बिलकुल मनाही थी। क्यों ? इस सवाल का जवाब उन मासूमों के पास

नहीं था। बस उनके घर वालों ने जैसा कह रखा था, वे उसी को मानते थे।

रामेष्वरलाल और पण्डित गौरीषंकर शर्मा एक ही कक्षा में पढ़ते थे।

रामेष्वरलाल पढ़ने–लिखने में तेज़, लेकिन सुविधाओं से कोसों दूर। खाने को दो वक्त की रोटी मिल जाये, वही छप्पन भोग। चार हाथ कमाने वाले तो पाँच मुँह खाने वाले। गोविंदा और गोमती दिन भर खेत में बैल के साथ बैल और मिट्टी के साथ मिट्टी हुए हाड़–तोड़ मेहनत करते। वे महज हाळी (बँधुआ मजदूर) ही तो थे एक किसान के। रहना, खाना, कपड़ा मुफ़्त और डेढ़ सौ रुपये महीने के अलग से। किसी तरह गुजारा चल जाता था।

स्कूल से थोड़ी दूर ही गाँव का मंदिर था। उसी से सटा गौरीषंकर का घर था। उमाषंकर मंदिर में पूजा करने के बाद अपने घर के बाहरी कमरे में स्थित दवाखाने में बैठते। काफी नामी वैद्य थे। खूब भस्में और वटिकायें बनाया करते और लोग खुषी–खुषी लेकर जाते। गौरी का स्कूल के बाद का समय दुकान पर ही दवाईयां बनाने, रखने और वैद्यकी सीखने में बीतता। वैद्यजी बड़े ठसके से कहते,'' क्या कमी है इसे ? अरे बामन का बेटा है बामन का। वैद्यकी सीख ही रहा है, गाँव का मंदिर है ही। फिर यहाँ तो आठ दिन नौ त्योहार हैं। रोज ही तीज, चौथ, पाँच, छट्ट, नौमीं, दस्स, ग्यारस आती ही रहती हैं।''

उनकी इन्हीं बातों से पंडिताइन को बड़ा दुख होता था। वह शहर में पाँच जमात तक पढ़ी–लिखी थी। घर वालों के दबाव में आकर जल्दी शादी करनी पड़ी। उसने शहर के रंग–ढंग देखे थे। कैसे पढ़े–लिखे लोग

आनन–फानन में बाबू या अफसर बन जाते हैं और उनकी क्या शान होती है, क्या इज्ज़त होती है ? शहर में जात–पाँत को इतना कोई नहीं पूछता है। सब कोई अपने काम से काम रखते हैं। उसे बड़ा बुरा लगा था जब पाँचवीं पास करते ही उसकी सगाई गाँव के गाँवड़ी वैद्य के लड़के से कर दी गई थी। वह भी पढ़ाई–लिखाई छोड़ पुश्तैनी वैद्यकी सीख रहा था। खूब रोई थी वह, पर घर वालों के सामने उसकी एक नहीं चली थी। आज गीता सोचती, अपने गौरी को खूब पढ़ायेगी, वह अफसर बनेगा, उसे गाड़ी में घुमायेगा, पर उसके अपने बापू के जैसे पुराने विचारों के उमाषंकर उसकी कब सुनते थे ? वह कितना लड़ती, ''इसे स्कूल के बाद गृहकार्य करने दिया करो। देखो, मास्टर जी ने पर्ची पर क्या लिखकर भेजा है ?'' वह अक्सर गौरी की किताब में रखी कागज की पर्ची निकाल कर उनको देती।

तब स्कूलों में कहाँ डायरियां चलती थीं ? यदि मास्टरजी को अभिभावकों से मिलना होता या अभिभावकों को कोई बात कहनी होती तो इसी तरह पर्चियों से संदेषों का आदान–प्रदान करते थे या फिर आपस में ही मिल लेते थे।

''अरे भागवान! क्या सत्यनारायणजी का पतड़ा लेकर बैठ जाती हो रोज–रोज। इसे कमी किस बात की है? पढ़ लिया तो ठीक, वर्ना वैद्यकी की दुकान और मंदिर तो कहीं नहीं गये। इससे कौनसी नौकरी करवानी है जो इतनी हाय–हाय करें ?'' उमाषंकर अपनी ही धुन में बोले जाते।

वह कुढ़ कर रह जाती। पुश्तैनी वैद्यकी उसके बेटे के विकास का रोड़ा बन गई थी।

छरहरा बदन, गौरा रंग, तोते की जैसी सुन्ती नाक, चलती तो ऐसा लगता जैसे मोरनी चल रही हो, बोलती तो ऐसा लगता जैसे फूल झर रहे हों। इस गँवई माहौल में भी वह घाघरा–लूगड़ी न पहन कर साड़ी पेटीकोट ही पहनती। पर न पीहर में और न ही ससुराल में, कहीं भी उसकी कद्र नहीं हुई।

माता निर्माता है, पर पिता भी तो कुछ कम नहीं है।

हुआ वही, जो उमाषंकर ने चाहा।

उसकी शह पाकर गौरी का ध्यान पढ़ाई–लिखाई पर से पूरी तरह हट गया और सातवीं में दो बार फेल होने के बाद गौरीषंकर ने पुश्तैनी दवाखाना संभाला।

———

''दादा, मैं पास हो गया। अब मुझे पढ़ने के लिये शहर जाना पड़ेगा।'' रामेष्वर ने मिट्टी के ढ़ेर पर बैठ बीड़ी पीते अपने पिता गोविंदराम से कहा।

''बेटा, मेरी इतनी सरधा कहाँ जो तुझे शहर पढ़ने भेजूँ ? घर की हालत तुझसे छिपी नहीं है। डेढ़ सौ रुपये में क्या होता है ?'' कहते–कहते उसकी आँखें भर आईं।

''दादा, मैंनें पूरे स्कूल में सबसे ज्यादा नम्बर पाये हैं, यह देख।'' कहता हुआ रामेष्वर घर में घुसा और झटपट अपनी मार्कषीट उसके सामने लाकर खोल दी।

काष, वह अपने बेटे की तरक्की को समझ पाता ! उसे अपने अनपढ होने का सबसे अधिक दुःख आज हुआ। पर वह दो बात जरूर जानता था कि जो पास हो जाता है वह आगे पढ़ने जाता है और जो फेल हो जाता

है, उसे उसी कक्षा में दुबारा पढ़ना पड़ता है। यह सब बातें उसने प्रौढ़ षिक्षा केन्द्र में साइन करना सीखते समय सीखी थी।

रुँआसा रामेष्वर चला गया।

अचानक उसे करंट सा लगा, 'क्या रामेष्वर भी मेरी ही तरह मिट्टी के साथ मिट्टी होता रहेगा ??
उसका मन चीत्कार कर उठा'' नहीं, नहीं, नहीं।'

फिर ??

बीड़ी का डूंड फेंक वह उठा। उसने ठान लिया कि जो दुख उसने झेले हैं और झेल रहा है, वे दुख अपने बेटे को नहीं झेलने देगा, उसे चाहे जो करना पड़े, करेगा।

वह था भी जीवट का धनी। लम्बा–चौड़ा शरीर, सिर पर अंगोछे की साफी, खिचड़ी बाल, बड़ी–बड़ी घनी मूंछे, ऋषियों जैसा चौड़ा ललाट, दृढ और मजबूत हाथ पैर, जो उसके मेहनती होने का प्रमाण दे रहे थे। तंबई रंग जो मेहनत से धीरे–धीरे काला पड़ता जा रहा था। शरीर पर बण्डी और घुटनों तक धोती, पैरों में चमरौंधी जूतियाँ या टायर की चप्पलें। कुल मिला कर यही व्यक्तित्व था गोविंद का। वह अनपढ़ जरूर था, पर था बड़ा ही दृढ़ निष्चयी। एक बार जो ठान ले उसे पूरा करने में एड़ी–चोटी का जोर लगा देता था। उसने पढ़े–लिखे लोगों के ठाठ–बाट और शान–षौकत देखे थे। 'रामेष्वर को पढ़ा–लिखा कर बड़ा आदमी बनाना है' अब उसका एकमात्र ध्येय यही रह गया था।

जहाँ चाह वहीं राह।

वह झट उठा और मिट्टी के कोठे से अनाज में दबी अपनी शादी की काँसे की थाली निकाली। चमचमाती

थाली, जैसी वह आज के पन्द्रह–सोलह साल पहले थी। वैसी का वैसी। इसमें पहली और आखरी बार उसने गोमती के साथ पण्डित के हाथ का बनाया घी, दही और शहद का बना परसाद (मधुपर्क) खाया था। उस दिन के बाद यह काम ही नहीं आई। यूँ की यूँ रखी हुई है। अनछुई।

थाली को झाड़ पोंछ, थैले में डाल वह सीधा वैद्य उमाषंकर के पास गया। वे मरीजों को देखने के बाद फुरसत में थे।

''अरे आ गोविंद, आज इधर कहाँ ? सब ठीक तो है ?'' एक ही साँस में दो सवाल!

''ठीक हूँ पंडीजी महाराज। एक परेषानी आ गई है, सो चला आया।'' वह सकुचाते हुए बोला, साथ ही अंगोछे से चेहरे पर चूते हुए पसीने को पौंछा।

''बोलो बोलो।'' अपना चष्मा ठीक करते हुए वे बोले,''सिर में दर्द है या पैर में, पेट में दर्द है या कब्जी है। कब्जी ही सब रोगों की जड़ होती है और........

''महाराज, मेरे कहीं दर्द नहीं है।'' वह बोला, ''आपके टाबर रामेष्वर ने आठवीं जमात पास कर ली है, अब उसे शहर में पढ़ने भेजना है। पैसे–कौड़ी की थोड़ी जरुरत है, सो यह थाली गिरवी रखने आया हूँ।'' वह सकुचाते हुए कातरता से बोला। वह मजबूर था, पर फिर भी एक दृढ़ता उसके चेहरे पर थी।

पंडितजी चौंके, 'गरीब गोमदा (गोविंद) के लड़के ने आठवीं पास कर ली!! ये गरीब–गुरबे भी कहाँ से इतना दिमाग पा जाते हैं ? उसका 'सपूत' तो सातवीं में ही दो

बार फेल हो गया।' एक ईर्ष्या की दुर्भावना ने उनके मन में जन्म लिया।

''अरे गोमदा, कहाँ रामेस्रया को शहर भेज रहा है ? बिगड़ कर धूल हो जायेगा। मुझे देख, फेल होते ही छोरे को दुकान पर बैठा दिया। तू भी लगा ले उसे अपने साथ। तुझे काम में साथी मिल जायेगा और थोड़ी आमदनी भी बढ़ जायेगी। गाँव की अच्छी हवा–पानी से वह जल्दी ही पट्ठा हो जायेगा।'' अपने मनोभावों को दबाकर वे कुटिलता से बोले।

''नहीं पंडीजी, नहीं।'' तड़प उठा था वह, ''चाहे जो हो जाये, मैं अपने रामेष्वर को अपनी तरह मिट्टी में मिट्टी नहीं होने दूंगा। मैं उसे बैल नहीं, आदमी बनाऊंगा।''

उमाषंकर को लगा जैसे उसके सामने साक्षात् भीष्म पितामह अपनी विषाल भुजायें फैलाकर प्रतिज्ञा कर रहे हों,'' चराचर के समस्त प्राणी, धरती, आकाष सुनें,..............
. ।'

खिसियाकर वे बोले,'' ला, क्या लाया है, दिखा।'' गोविंद ने चमचमाती काँसे की थाली उनके सामने रख दी।

''मैं इसके ज्यादा से ज्यादा दस–बारह रुपये दे सकता हूँ।'' वे थाली को हाथों में लेकर देखते–परखते हुए टालने के मूड में बोले।

''बस, दस–बारह रुपये ही!!'' उसका मुँह खुला का खुला रह गया।

निराष मन से थाली को कपड़े के थैले में डाल कर वह पाँचू महाजन की दुकान की ओर चला। रास्ते में उसके मन में आया कि पाँच–दस रुपये की दान–दक्षिणा तो वह

हर साल इनके मंदिर में कर देता है। इनसे मेरे बेटे की भी नहीं सोची गई। अरे! इनके बेटे के साथ ही पढ़ा है, इनके बेटे जैसा ही है, फिर भी यह भेदभाव !! उसने मन ही मन प्रण कर लिया कि अब वह मंदिर में अपना पैसा बरबाद नहीं करेगा। आज न मंदिर काम आ रहा है, न भगवान और न ही उसका पुजारी ।

दुकान पर पाँचू महाजन तो नहीं था, पर उसका बेटा जरूर था। पाँचू उस समय बाणज करने गया था।

''यह थाली गिरवी रखनी है।''वह सीधे–सपाट लहज़े में बोला।

''बैठो काका, क्या बात है?'' उसने पूछा।

गोविंद ने सारी बात बताई।

'' इसके गिरवी के बदले में बीस रुपये दे सकता हूँ।'' वह देख–परख चुकने के बाद बोला।

''दे दो।'' वह बोला।

कागज–पत्तर सही करने के बाद वह पास की ही दुकानों से जरूरी सामान, कपड़े–लत्ते आदि खरीद कर घर लौटा।

अगले दिन साफ धुले हुए कपड़े पहने रामेष्वर और गोविंद शहर जाने वाली पहली गाड़ी में बैठे थे।

गाड़ी से ही रामेष्वर ने एक हायर सैकेण्डरी स्कूल का बोर्ड देखा।

''दादा, गाड़ी रुकवाओ। स्कूल तो पीछे रह गया। वो बोर्ड देखो।'' वह बोला।

गोविंद ने तुरन्त गाड़ी रुकवाई।

वे झटपट बस से उतर कर स्कूल की और लपके।

''कहाँ जा रहे हो, रुको।'' स्कूल का चपरासी उनको रोकते हुए बोला।

''साब। यह मेरा बेटा है, इसे भर्ती कराना है स्कूल में।'' अंगोछे से पसीना पौंछते हुए गोविंद बोला।

''उस कमरे में जाओ।'' प्रधानाचार्य कक्ष की ओर अँगुली से इषारा करते हुए वह बोला।

ज्यौं–ज्यौं प्रधानाचार्य जी ने उसकी अंक तालिकायें देखी, आष्चर्य से उनकी आँखे फटी की फटी रह गई। शुरु से अब तक प्रथम श्रेणी प्रथम स्थान!! हर विषय में डिक्टिंषन मार्क्स!! वे खुद सीट से उठ गये।

एक बारगी तो दोनों बाप–बेटे का दिल बैठ गया। ये खड़े क्यों हो गये! क्या स्कूल का टाईम खत्म हो गया ? क्या उनको कल आना पड़ेगा ?

लेकिन जब नजदीक आकर उन्होनें रामेष्वर के सिर पर हाथ फेरा और उसे गले लगाया, तब उनका भय जाता रहा।

''षाबास बेटा। इसी तरह मन लगा कर यहाँ भी पढ़ना।'' कहते–कहते उनका गला भर आया। उनका अतीत उनके सामने घूम गया, जैसे रामेष्वर के रूप में उनका भूतकाल ही खड़ा हो। रामेष्वर ने झट उनके पैर छू लिये। एक ही क्षण में दोनों मन ही मन एक दूसरे से गुरू–षिष्य के पवित्र रिष्ते की डोर से बँध गये थे।

अच्छी कद–काठी, सफेद झक्क धोती–कुर्ता, आँखों पर नम्बर का चष्मा, रोबीला व्यक्तित्व, लेकिन दिल के दयालु, जैसे नारियल के कठोर खोल में मीठी और कोमल गिरि छिपी हो। कुल मिला कर यही व्यक्तित्व था श्री वर्मा जी का जो प्रधानाचार्य थे।

''यह एक दिन आपका नाम जरूर रोषन करेगा, गोविंदजी। इसकी पढ़ाई मत छुड़ाना।'' वे बोले।

जैसे कानों में मिश्री घुल गई हो। गोविंद बस हाथ जोड़े कृतज्ञ भाव से खड़ा था। पहली बार किसी ने उसे गोविंदजी बोला था, नही तो आज तक वह गोमदा ही सुनते आया था।

''साब, मैं गरीब आदमी हूँ। अपनी सरधा के अनुसार इसे जरूर पढ़ाऊँगा। पर अब यह आपकी शरण में है।'' अपने—आप हाथ जुड़ गये थे उसके। भगवान समझ कर बेटा उनके हवाले करते अपूर्व आनंद की अनुभूति हो रही थी।

''जरूर—जरूर। हम इसका पूरा ध्यान रखेंगे। यह फार्म भर दो, यहाँ दस्तख़त कर दो, बस हो गया काम।'' एक लकीर खींचते हुए वे बोले।

रामेष्वर ने फार्म भरा। जो नहीं आया, वह वर्माजी से पूछ लिया। गोविंद ने हस्ताक्षर की जगह अपना नाम लिखा, जो प्रौढ़ षिक्षा केंद्र में सीखा था।

''दो दिन बाद पढ़ाई—लिखाई शुरू हो जायेगी। तब तक आप कपड़े—लत्ते और अन्य जरूरी सामान खरीद लो और इसे रहने का कमरा आदि दिलवा दो।''वे बोले।

स्कूल के बाहर निकले तो दोनो के पेट में चूहे दौड़ लगा रहे थे। सबसे पहले उन्होनें पास ही लगे बरगद के नीचे चबूतरे पर बैठकर रोटियों की पोटली खोली और पेट—पूजा की। उन्हें अब किसी बात की चिन्ता नहीं थी। सिर का बोझा हल्का हो गया था। सुकून उनके चेहरे पर साफ झलक रहा था। रामेष्वर का दाखिला अच्छे बड़े स्कूल में हो गया और मास्टरजी भी इतने भले मिले कि

पूछो मत। सोने पर सुहागा! घर का खाना, मधुर सुवास लिये और स्वादिष्ट लग रहा था। गाँव की गंध लिये। प्रेम में पगा खाना दोनो ने रंजकर खाया और तृप्त होकर उठे।

जरूरी सामान, मिट्टी का तेल, स्टोव, खाना बनाने के बर्तन, कोपी–किताबें आदि खरीदते–खरीदते दो ढ़ाई बज गये।

चपरासी भला आदमी था। उसने बोरे में भरा सारा सामान स्कूल के ही एक कोने में रखने की इजाजत दे दी ताकि कमरा ढूंढते वक्त इसे अनावष्यक रूप से ढ़ोना नहीं पड़े।

गोविंद तो समझता था कि यह बीमारी मात्र गाँवों में ही है। पर दो चार–घर घूमते ही उसका भ्रम जाता रहा। केवल रूप बदला था। ''आखिर हम क्यों ऐसे समझे जाते हैं ? इसलिये कि ये गले में जन्देउ (जनेउ) नाम का एक धागा डाल लेते हैं। पर वह धागा भी तो हमारे जैसे ही कोली भाई बनाते हैं। यहाँ तो जितने हैं, सब एक से बढ़कर एक ऊँचे हैं, नीचा कोई नहीं है। चोरी ये करें, मिलावट ये करें, झूँठे मुकदमें ये लड़ें, जुआ ये खेलें, फिर भी ऊँचे ? क्या दिन भर के पाप के बदले में शाम को पत्थर की मूर्ति के आगे सिर झुका देने से भगवान पाप माफ कर देता है! क्या इसलिये ऊँचे है या फिर इसलिये कि ये बामनी–ठकुराइन की कोख से जन्म लेते है ? पर इसमें इनका या हमारा बस चलता है क्या ? फिर तो भगवान ही हमारे साथ अन्याय करता है जो हमें किसी छोटी जाति में पैदा करता है। क्या यही भगवान का न्याय है ?'' यही विचार उसके मन में उथल–पुथल मचाये हुए

थे। जहाँ भी पूछते, वहीं जात आड़े आ जाती और उन्हें कोई कमरा नहीं देता।

हैरान–परेषान कमरा तलाष करते–करते वे स्कूल से कोई दो–ढाई फर्लांग दूर पहाड़ी की तलहटी तक आ गये। वहाँ एक मकान का दरवाजा खटखटाया।

''कमरा मिलेगा ?'' दोनों एक साथ बोले।

एक साठ–सत्तर साल की बुढ़िया ने दरवाजा खोला। सन से सफेद बाल। कमर कमान। धीरे–धीरे उसने कुण्डी खोली,''क्या है भाई, क्या चाहिये ?''

''किराये पर कमरा चाहिये माँजी। मेरा एडमिषन पास के ही बड़े स्कूल में हुआ है। गाँव दूर है, सो रहने के लिये कमरा चाहिये।'' रामेष्वर एक ही साँस में सब बोल गया।

''कितने जने हो ?'' वह उन दोनो को घूरते हुए बोली।

''अकेला हूँ माँजी। '' वह बोला।

''तो ये कौन है?''

''ये तो मेरे दादा हैं। मुझे छोड़ने आये हैं। कल वापस चले जायेंगे।''

''किनके हो?'' वो बोली।

बिच्छु के डंक–सा चुभता यह प्रश्न हर जगह पूछा गया और इसका उत्तर जो था, वही उनको कमरा दिलाने में बाधक बना हुआ था। एक बार तो सोचा कि गलत बता दें या वापस चलें, पर ये दोनों ही बातें उनके संस्कारों के खिलाफ थी। अतः थोड़ा गरम होते हुए गोविंद बोले,''बैरवा हैं। क्या बैरवाओं को कमरा नहीं मिलेगा ?''

''नाराज मत होओ बेटा। सब एक ही भगवान के बेटे हैं। मैंने तो यूँ ही पूछ लिया था।'' वो बोली, ''इस कमरे

में मेरा सामान पड़ा है। एक में बेटे–बहू का सामान है। यह छोटा कमरा खाली है, यह इसके काम आ जायेगा, मेरा भी मन लग जायेगा। बेटा–बहू जयपुर में रहते हैं, यहाँ मैं अकेली ही रहती हूँ।''

उन दोनों के साँस में साँस आई,'कहीं तो ठिकाना मिला। अब तो बस किराया और तय हो जाये तो बात बन जाये।

''किराया क्या होगा?'' धड़कते दिल से गोविंद बोले।

''दे देना बेटा जो भी दे। अब गये साल एक लड़का रहता था, वो चार रूपये देता था। थोड़ी सी महंगाई बढ़ गई है, सो तू पाँच रूपये दे देना।'' वह बोलीं।

''माँजी, गरीब आदमी हूँ । खेत में हाळी ही तो हूँ। डेढ़ सौ रूपये तो कुल पगार है। घर–परिवार है। चार ही रहने देते तो अच्छा था।'' उनकी आवाज मजबूरी से भर्रा गई। उसने हाथ जोड़ दिये।

''कोई बात नहीं बेटा। चार ही सही। मेरा भी सहारा हो जायेगा।'' मैं कोलियों के हूँ।'' वो बोलीं।

समान–सट्टा स्कूल से लाकर कमरे को झाड़–पौंछ कर जमा दिया गया। रात रुक कर गोविंद पहली गाड़ी से ही गाँव लौट गये। मन भारी था, पर इस बात की खुषी थी कि उसका बेटा आदमी बन जायेगा। आँखों का तारा पहली बार आँखों से दूर हुआ था, अतः दिल भर–भर आता था।

रामेष्वर को अपनी जिम्मेदारी का अहसास था। उसने अपने सरल व्यवहार और योग्यता से सबका दिल जीत लिया था। वर्माजी को तो उसे दिन में कम से कम एक बार देखे बिना चैन नहीं मिलता था। वे वैसे भी

स्कूल के बाद समय निकाल कर कई बार किराये के कमरों में रहने वाले बच्चों के कमरों पर चले जाया करते थे। उन्होनें उसे बेटे–सा प्यार दिया। वहीं रामेष्वर भी उनको हार्दिक रुप से सम्मान देता था।

मकान–मालकिन माँजी को तो जैसे जीवनदान मिल गया था। रामेष्वर उनका छोटा–मोटा सौदा–सुलफ ले आता और मकान की देखभाल भी ठीक ढंग से हो जाती थी।

दिन इसी तरह कटते जा रहे थे।

मजबूरी इंसान को सब सिखा देती है। मौके सबके सामने आते हैं। फर्क इतना ही रहता है कि कुछ लोग उनको चुनौती मानकर समस्या का समाधान ढूंढते हैं और जीवन में कठिनाईयों को दूर कर लेते हैं, जबकि अन्य कठिनाईयों के आगे हार मान लेते हैं।

एक बार घर से पैसे समय पर नहीं आये। गाँठ के पैसे खत्म हो गये चुके थे। रामेष्वर सोच में पड़ गया कि आखिर क्या करे, क्या न करे ! माँजी ने एक–दो बार इषारे से पैसों के लिये कहा भी, पर वह चुप कर गया।

एक दिन दोपहर में खाना खाने के बाद किताब लेकर इसी उधेड़बुन में वह खिडकी के पास बैठा था। खिड़की के दूसरी तरफ पहाड़ था जिस पर जंगल पसरा पड़ा था। उसका मन इसी समस्या में लगा हुआ था। अचानक उसे एक लकड़हारा लकड़ियाँ लेकर आता दिखाई दिया। उसे पता था कि उसके स्कूल के पीछे लकड़ियों के गट्ठर बिका करते हैं। समाधान पाकर वह खुषी से उछल पड़ा।

अब उसकी दिनचर्या ही बदल गयी। वह सुबह जल्दी उठता, अपना काम निपटा कर घण्टे भर पढ़ता। फिर

खाना बनाकर दो चपाती खा लेता और दो चपाती कपड़े में लपेटकर टिफिन में रख देता। फिर स्कूल जाता, वहाँ मन लगा कर पढ़ता। वापस आकर खाना खाता, स्कूल का काम निपटा कर घण्टा–डेढ़ घण्टा पढ़ता या आराम करता। शाम को लकड़ियाँ काटता और धुंधलाके में स्कूल के पीछे उनको पचास–साठ पैसे में बेच देता। वापस आकर खाना बनाता, खाता और दस बजे तक पढाई करके सो जाता।

दस–पन्द्रह दिन में ही उसने किराया चुका दिया। कुछ पैसे भी बचा लिये। पैसों में बड़ा बल होता है। पैसा गूंगे की ज़बान तो निर्बल की ताकत होता है। जहाँ षिक्षा शेरनी का दूध है वहीं पैसा साक्षात् शेर है। धीरे–धीरे इस पैसे से वह अपनी आवष्यकतायें पूरी करने लगा।

एक दिन वर्माजी उससे नहीं मिल पाये। छात्रवृत्ति के फार्म भरे जा रहे थे, सो खाना खाने के बाद वे शाम को घूमते–घामते रामेष्वर के घर की ओर निकल आये। मकान–मालकिन से पूछा तो बोलीं, ''पता नहीं। अभी तो यहीं था। कुल्हाड़ी भी यहीं पड़ी है। शायद लकड़ियां बेचने गया हो।''
''कुल्हाड़ी ? लकड़ियाँ ??'' वे आष्चर्य से बोले।
'' हाँ, आजकल वह घण्टा–डेढ़ घण्टा पहाड़ी पर चला जाता है और लकड़ियाँ काट कर मण्डी में बेच आता है।'' वे बोलीं।

वर्माजी वापस लौट पड़े। यह लड़का इतना मेहनती और समझदार भी होगा, यह उन्होनें सोचा तक नहीं था। अचानक सामने से रामेष्वर आता दिखा। उन्होने आवाज दी,''बेटा रामेष्वर, कहाँ से आ रहे हो?''

रामेष्वर अचानक आई इस अप्रत्याषित आवाज से हड़बड़ा गया। देखा–सामने स्कूल के बड़े मास्टर साहब खड़े हैं। वह कुछ भी बोल नहीं पाया। नजरें झुका कर खड़ा हो गया।

''बेटा, आज तुमसे मिल नहीं पाया था, और तुम्हारा मैरिट छात्रवृत्ति का फार्म भी भरवाना था। कल आखरी तारीख है, सो चला आया।'' वे बोले।

रामेष्वर चुपचाप खड़ा रहा।

''कहाँ गये थे?'' उसी स्वर में उन्होनें पूछा।

रामेष्वर क्या कहे, क्या न कहे। वह बेबस हो गया। आँखे छलछला आई। बेबसी, लाचारी में आँसू आदमी का बहुत बड़ा सहारा होते हैं। जो बात आदमी ज़बान से नहीं कह पाता, कई बार आँसू उसे बहुत ही बखूबी से कह देते हैं।

वर्माजी ने उसके सिर पर हाथ फेरा। पास ही घर की एक चबूतरी पर वर्माजी बैठ गये। रामेष्वर को प्यार से पुचकार कर बैठा लिया।

''कहो बेटा, क्या बात है ?'' वे बोले।

''गुरूजी, घर से पैसे नहीं आये थे। घर की हालत भी ऐसी नहीं है कि मैं दादा से कहूँ, सो स्कूल से आने के बाद मैं पहाड़ी पर घण्टे भर विलायती बबूल की जलावन काट कर मण्डी में बेच आता हूँ।'' नज़रें झुकाये वह बोला।

पढ़ाई के साथ–साथ इतनी समझदारी! यह अपनी पढ़ाई के लिये कितनी मेहनत कर रहा है ! वर्माजी की आँखे भर आई। उन्हें अपना बचपन याद आ गया। उनकी अपनी कहानी भी रामेष्वर से ज्यादा अलग न थी।

उन्होनें रामेष्वर के सिर पर हाथ रख सौ–सौ आषीष दिये, ''सदा सुखी रहो बेटा। पढ़–लिख कर बहुत बड़े आदमी बनों।'' अपनी संवेदना को वाणी पर हावी होने से रोकने में उनको बहुत कोषिष करनी पड़ रही थी।

''......................''

''बेटा, मैं कुछ मदद कर दिया करुँगा। यही समय पढ़ने में लगाओ।'' वे बोले।

''नहीं गुरूजी, इस समय तो वैसे भी सब खेलते हैं। मैं खेलने के बजाय लकड़ियाँ काटने चला जाता हूँ।'' उसने हाथ जोड़ दिये थे।

'सोना तपकर ही कुन्दन बनता है। तपने दो इसे। जितना तपेगा, उतना ही निखरेगा।' सोचते हुए वर्माजी वापस आ गये।

पूरे दो साल यही दिनचर्या रही रामेष्वर की। छुटि्टयों में जब कभी गाँव जाता, तो वहाँ भी इस बात का कभी जिक्र नहीं करता। गोविंद कभी शहर आता तो नौ–दस बजे तक आ जाता। शाम को आने वाली कोई गाड़ी ही नहीं थी। उस दिन वह लकड़ी काटने नहीं जाता। माँजी को उसने कह रखा था कि दादा को मत बताना नहीं तो उन्हें दुख होगा।

नवीं और दसवीं की परीक्षायें उसने प्रथम श्रेणी से उत्तीर्ण की। समाज कल्याण विभाग की नियमित छात्रवृत्ति उसे मिलती थी। इससे उसे काफी सहारा मिलता था।

ग्यारहवीं में पढ़ते–पढ़ते ही उसे बैंक में बाबू की भर्ती का फार्म भरने का मौका मिला। अर्द्ध वार्षिक परीक्षा के बाद शहर में ही लगभग डेढ़ महीनें उसने जमकर तैयारी

की और महीने भर बाद ही उसे अपनी मेहनत का नतीजा मिल गया था। वह बैंक में बाबू चुन लिया गया था।

सर्दी की छुट्टियों में वह घर गया था। अबकी बार उसके चेहरे पर अलग ही चमक थी। वह ग्यारहवीं में पढ़ रहा था साथ ही बैंक में बाबू के लिये चुन लिया गया था। यह खबर उसने अब तक घर में नहीं बताई थी।

अच्छे पेण्ट–षर्ट पहने रेग्जीन के थैले में अपना सामान लिये जब वह गाँव के रास्ते वाली पगडण्डी के पास उतरा तो जल्दी से किसी ने पहचाना तक नहीं। वह सीधा घर गया।

कच्चा घर। घर के नाम पर खेत के एक कोने पर मिट्टी की चारदीवारी बनी हुई थी जिस पर काँटेदार बाड़ लगा कर आड़ की गई थी। उसमें दो कमरे और एक रसोई बनी हुई थी। पास ही एक टपरी गाय बाँधने के लिये थी। सरकण्डे का घर 'टोप' थोड़ा दूर था जिसमें गायों के लिये चारा–खाखला भरते थे। यहीं उसके बचपन की खट्टी–मीठी यादें बसी हुई थी। ढाई साल पहले घर छोड़ते समय वह कितना रोया था ? आज उसके आँसू रंग लाये हैं और वह काम का आदमी बन गया।

एक बारगी तो गोविंद और तीजा उसे पहचान ही नहीं पाये। फिर जब उसने झुक कर उनके पैर छुए तब, उनको पता चला कि यह अपने कलेजे का टुकड़ा है।

''कितना बदल गया है रे तू ?'' तीजा ने उसको उठा कर गले लगाते हुए कहा।

''कहाँ माँ, मैं रामेष्वर ही तो हूँ।'' वह आत्मीयता से बोलाए ''कपड़े ही तो बदले हैं।''

उसने छोटे भाई–बहिन को शहर से लाये उपहार दिये।

''इतने पैसे कहाँ से आये, बेटा ? कहीं से उधारी तो नहीं की है!'' गोविंद ने पूछा।

''सब आपके ही भेजे पैसे हैं, दादा। वह बोला। '' थोड़ी छात्रवृत्ति मिली है और......'' वह मुँह की बात मुँह में ही दबा गया। माँ, दादा को जानकर दुख होगा कि मैंने लकड़ियाँ काट कर बेची।

''जा छोटू, बैग में से डिब्बा ले आ।'' शाम को खाना–खाते बखत वह छोटे भाई से बोला।

छोटू दौड़ा–दौड़ा गया और 'भैया मिठाई लाये है, मैं बहुत सारी मिठाई लूँगा, मैं बहुत सारी मिठाई लूँगा।'' कहते हुए उसके बैग से झट एक मिठाई का डिब्बा निकाल लाया।

''ई बखत मिठाई को डब्बो!'' गोविंद आश्चर्य से बोले।

''दादा, बैंक म म्हारी नौकरी लाग गी।'' वह ठेठ देहाती में बोला।

''नौकरी ??'' गोविंद और तीजा एक साथ बोले।

''हाँ माँ, म्ह पढ़ाई क साथ–साथ बैंक की परीक्षा को फारम भी भर्यो। अबार गरम्या मं घर ई लिये ही कोनी आयो।'' वह बोला, ''म्ह अब बैंक म बाबू बण ग्यो, माँ।'' हर्ष से उसका गला रुंध गया। उसके दादा–जीजी की भी आँखों में आँसू आ गये, खुशी के आँसू।

''पर अब पढ़ाई कैसे करेगा ?'' अचानक गोविंद ने पूछा।

''अब मैं प्राइवेट पढ़ाई कर लूँगा।'' वह बोला।

घर भर में खुशी का माहौल छा गया। गाँव–बस्ती में भी जिसने सुना, गोविंद के भाग्य को सराहा। सब्र का फल मीठा होता है और मेहनत रंग लाती है, यह लोगों ने सुना था, लेकिन इसका साक्षात्कार आज पहली बार किया था।

खुद गोविंद को विष्वास नहीं था कि उसकी तपस्या का इतनी जल्दी फल मिल जायेगा। वैद्य जी के तो तन-बदन में आग लग गई। 'कल की ही तो बात है। यही गोमदा थाली गिरवी रखने आया था। इतनी जल्दी इसका बेटा बैंक में बाबू बन गया और अपना गौरी ?? सब भाग्य का खेल है।' उसने ठण्डी आह भरी।

दो-तीन महीने में रामेष्वर ने थाली भी छुड़ा ली। साल बीतते-बीतते घर-परिवार को भी बैंक क्वार्टर में बुला लिया। शुरु-षुरु में उसे थोड़ी परेषानी जरूर हुई, पर उसने अपने व्यवहार से सबका दिल जीत लिया।

गोविंदराम और तीजा की अभी उम्र ही क्या थी! वे शहर में अपने आप को बेकार महसूस करने लगे। दिन भर खेत में कड़ी मेहनत करने वालों को घर में बेकार बैठा रहना कैसे सुहाता ? यह बात कई बार वे रामेष्वर से भी कह चुके थे। रामेष्वर भी इस बात को समझता था। अतः काफी सोच-विचारकर उसने क्वार्टर खाली कर दिया और बैंक से थोड़ी सी दूर पर एक मकान किराये पर ले लिया। दो कमरे, एक रसोई, लम्बा-चौड़ा दालान, दालान में नीम का बड़ा-भारी पेड़, पेड़ के एक तरफ दीवार से सटा सीमेंट के चद्दरों का शेड। दरअसल उसके एक अधिकारी श्री खोईवाल जी का तबादला भोपाल हो गया था। उन्होनें तो सिर्फ देखभाल की शर्त पर मकान दिया था, फिर भी रामेष्वर ने किराया तय कर ही लिया था।

नया मकान देखकर सभी खुषी से फूले नहीं समाये। धीरे-धीरे घर में दूध का काम भी चल निकला।

गोविंदराम और तीजा का समय गायों की देखभाल और रस्सियाँ बँटने में कटने लगा।

रामेष्वर अब भी मेहनती था। वह नौकरी के अलावा घर के काम–धन्धों में हाथ बंटाता, पढ़ाई भी करता। अब उसने ग्रेजुएषन कर ली थी। छोटे भाई–बहिन भी उसी स्कूल में पढ़ रहे थे। वे भी दसवीं और ग्यारहवीं में आ गये थे।

उधर गौरीषंकर के दिन अच्छे नहीं चल रहे थे। गाँव में विकास कार्य होने से नई डिस्पेंसरी खुल गई थी जहाँ डॉक्टर और नर्स मरीजों की देखभाल करते थे। लोगों का काम–धन्धों की तलाष में शहरों की ओर पलायन बढ़ा। कई बार तो मंदिर में झालर बजाने वाला तक नहीं मिलता। उसने शहर आकर धन्वन्तरि चिकित्सालय खोला। सातवीं फेल पुष्तैनी पण्डित और वैद्य के पास और कोई काम धन्धा था भी नहीं। वाचाल और चतुर वह था ही, सो यह धन्धा जम गया। शहर में भी रोज मंदिर जाना और रामनामी धारण कर पूजा–पाठ करना और सामाजिक–धार्मिक कार्यों में बढ़–चढ़ कर हिस्सा लेना उसकी दिनचर्या में शामिल थे।

इस तरह कई साल बीत गये। इसी बीच उसने उलझन वाला एक प्लॉट खरीद कर उस पर मकान बना लिया। उसी में डिस्पेन्सरी डाल ली। लोन लेना था, तब जात–पाँत सब भूलकर रामेष्वर के पास आया था। स्कूल के दिनों में कभी उसको न छूने वाले गौरीषंकर ने उस दिन रामेष्वर के पैर पकड़ कर मदद माँगी थी और उसकी मँगाई चाय पी थी। गरज बावली थी। कागजात पूरे कर रामेष्वर ने उसको बैंक से भेजा।

कुछ दिनों बाद ही खोईवाल जी आये थे। उनका तबादला अब सतना हो गया था। वे मकान बेचकर वहीं बसना चाह रहे थे। इस बाबत उन्होने रामेष्वर को बताया। रामेष्वर को मानों मुँहमांगी मुराद मिल गई। बिना किसी को हवा दिये रामेष्वर ने सौदा कर लिया। कुछ नकद दिये, बाकी बैंक से लोन ले लिया।

समय–समय की बात होती है। समय बहुत बलवान होता है। यह चाहे तो आदमी को अर्ष से फर्ष पर पटक सकता है और चाहे तो फर्ष से अर्ष पर बैठा सकता है। इसी ने विष्वविजेता सिकन्दर का वह हाल किया कि वह जीते–जी घर नहीं लोट पाया। अर्जुन जैसे महारथी के सामने भीलों को निमित्त बना गोपियों का अपहरण भी तो समय का ही खेल था। फिर गौरीषंकर तो चीज ही क्या? समय जो न कराये, कम है।

गौरीषंकर की नैया डगमग ही चल रही थी।

एक दिन की बात। रामेष्वर गौरीषंकर से मिलने गया। उसकी कुछ महीनों से किस्तें बकाया थी। घर के आगे भारी भीड़ थी। गौरीषंकर जोर–जोर से चिल्ला रहा था, ''इन छोटे लोगों का कोई ईमान तो होता नहीं। देखो, पूरा पाव भर घी कम है। अरे, गरीब समझकर इसे मजदूरी पर रखा था। मेरे ही कान काटने लगी।''

एक मजदूर स्त्री सिर झुकाये चुपचाप सब सुन रही थी। लोगों ने उससे हकीकत जानना चाही,'' बोलो, तुमने पण्डित जी को कम घी क्यों तोलकर दिया ?''

''थोडी देर रुको, म्ह अबार आई।'' वह अपनी जगह से हिली। पास ही उसका घर था। वह दो लोगों के साथ

घर तक गई, ताला खोला और आळे में से एक थैला लेकर तुरन्त वापस आ गई।

''काल म्हारा घर म्ह सक्कर कोन छी। म्ह याँ बैद्यजी की दुकान सूँ शाम न मजदूरी खतम कर एक किलो सक्कर तुलाई छी। जदही ये बोल्या छा क घी हेव तो ल्याजो, सक्कर का पीसा ऊँम सं ही काट्र बाकी पीसा देदेउंला। म्हारा घर मं बाट कोन। जो डब्बा को धड़ो करबा क बाद म ई थैली सूं ही एक किलो तोली। रामदेवजी की सौगन, जो ई थैली मं सू एक दाणों भी नखाळयों हेई। या गांठ भी या पंडीजी की ही लगायेड़ी छ। पूछ ल्यो'' कहते हुए उसने शक्कर भरी प्लास्टिक की थैली आगे बढ़ाई।

अब गौरीषंकर सुट्ट!! लोगों को पता चल गया था कि कौन बेईमान है और कौन शरीफ।

''मेरा हिसाब कर दो।''वह बोली।
अपने पैसे लेकर वह घर गई। भीड़ भी छँटने लगी।

रामेष्वर उसके सामने पँहुचा तो वह उससे नज़रे नहीं मिला पा रहा था।

कुछ दिनों बाद शहर में हुई संदिग्ध मौतों ने चिकित्सा विभाग के कान खड़े कर दिये। अवैध और झोला छाप डॉक्टरों की धर–पकड़ होने लगी। गौरीषंकर भी पकड़ा गया। आगे से बिना उचित योग्यता के ऐसी प्रेक्टिस नहीं करने का लिखित में आष्वासन देने के बाद ही वह छूट पाया। अब तो आमदनी का टोटा हो गया। झूठे जातीय घमण्ड ने उसे कई धन्धे करने से रोका, सो अलग। पढ़ा–लिखा वह अधिक था नहीं, अतः कोई और रोजगार उसे मिल नहीं पाया। उसे अब पता चला कि सब भाषाओं की जननी कहलाने वाली संस्कृत का दावा कितना

खोखला है ? 'विदेषी' भाषा अंग्रेजी का सब जगह कितना बोलबाला है?

ऐसे में बैंक की ओर से अन्तिम नोटिस आ ही गया। यह गौरीषंकर के लिये भगवान के घर से बुलावे से कम नहीं था। वह भागा–भागा रामेष्वर के घर गया। रामेष्वर उसे रास्ते में ही मिल गया।

''रामेष्वर, यह क्या किया तूने ? तू कुछ कर, नहीं तो मैं बरबाद हो जाऊंगा। गाँव में भी अब तो कुछ नहीं बचा है, सिवाय खण्डहर के। सारी जमीन–जायदाद बेचकर तो यह मकान खरीदा था। अगर यह भी नहीं रहा तो मैं दर–दर का भिखारी हो जाऊंगा।'' एक ही साँस में वह सब बोल गया।

''मैं अब कुछ भी नहीं कर सकता। मैंने कितनी ही बार तुम्हें बुलाकर समझाया भी कि बैंक का कर्ज़ा समय पर चुकाओ, नहीं तो परेषानी हो जायेगी। अब बैंक मेरे घर का तो है नहीं। मैं तो मात्र मुलाज़िम हूं। ऊपर का आदेष तो मुझे भी मानना ही पड़ेगा। मेरी भी नौकरी का सवाल है। अतः अब भी कुछ जमा करा सको तो करवा दो, अन्यथा इस कुर्की को कोई नही रोक सकता।'' रामेष्वर ने सीधे–सपाट लहजे में कहा।

''ठीक है, भाई । भाग्य में जो लिखा होगा, वही होगा।'' मरी–सी आवाज में वह बोला और अपना–सा मुँह लेकर आ गया।

अगले दिन पौ फटते–फटते बैंक की गाड़ी के साथ मैनेजर बैरवा दो पुलिस गाड़ियों में जाब्ता लेकर गौरीषंकर के घर के बाहर खड़े थे।

गौरीषंकर के तो मानों प्राण ही निकल गये। उसने झट तीन हजार रुपये सहायक मैनेजर शर्मा को देने चाहे।

''कितने हैं ?'' उन्होनें पूछा।

''तीन हजार''

''गौरीषंकर जी, कम से कम किस्तों के पैसे तो जमा करवाइये। बाकी शाम तक जमा करवा देना। नहीं तो बैरवा साहब ने जो नोटिस दिया है, उसकी पालना करना ही पड़ेगा।'' फिर वे रामेष्वर जी से मुखातिब होते हुए बोले,''कार्रवाही शुरू करें, सर ?''

''और क्या रास्ता है ?'' वे मायूसी से बोले।

पूरी तरह ढह गया था गौरीषंकर।

ऊँची हवेली का कँगूरा झोपड़ी के दरवाजे पर पड़ा सिसक रहा था।

रामेष्वर का इषारा पाते ही इंस्पेक्टर ने दो सिपाही भेज कर गौरीषंकर को एक तरफ बैठाया। बैंककर्मी फुर्ती से अपने साथ लाये नोटिस के पर्चे मकान पर जगह—जगह चिपकाने लगे। साथ में आये पेण्टर ने पर्चे का ही मजमून 3' गुणा 6' की जगह में लिखना शुरू कियाः—

''यह मकान, जो कि गौरीषंकर शर्मा पुत्र उमाषंकर शर्मा, जाति ब्राह्मण, निवासी रामपुरा के नाम रजिस्टर्ड है, इस पर इन्होनें हमारे बैंक से साढ़े नौ लाख रूपये का लोन लिया था। इसकी किस्तें सालभर से जमा नहीं करवाई गई है। बैंक द्वारा अन्तिम नोटिस जारी होने के बावजूद भी कोई किस्त जमा नही करवाई गई, लिहाज़ा बैंक के नियमानुसार यह मकान कुर्क किया जाता है। यह मकान आज से बैंक की सम्पत्ति है। इस नोटिस के जरिये हर खास और आम व्यक्ति को सूचना दी जाती है

और आगाह किया जाता है कि वह इस मकान से सम्बन्धित कोई सौदा आदि नहीं करे, अन्यथा होने वाले नुकसान का स्वयं जिम्मेदार होगा।''

आज्ञा से

शाखा प्रबन्धक

रामेष्वरजी सारा नजारा देख रहे थे। अचानक दो मोटरसाईकिलें उनके पास आकर रुकी। वे सतर्क हो गये। दो–चार पुलिस वाले भी फुर्ती से किसी अनहोनी की आषंका के चलते उनकी ओर लपके।

युवकों ने गाड़ियां खड़ी की। रामेष्वरजी के पास आकर हेलमेट उतार कर ज्योंही पैर छुए, वे बोले, ''अरे गोठवाल तुम, और जीनगर तुम। कैसे हो भई ? बहुत दिनों में दिखे।''

''सब आपकी कृपा है सर। कल आरएएस का रिजल्ट आ गया है। हम दोनों का सलेक्षन हो गया है।''

''बहुत खूब भाई बहुत खूब। आखिर तुमने अपनी मंजिल पा ही ली।'' वे बोले,'' रैंक क्या–क्या आई है ?''

''सर, इसकी 51वीं और मेरी 71वीं।'' उनमें से एक बोला।

''वेरी गुड, वेरी गुड। दायें–बायें एक–एक आरएएस।'' वे हर्ष से बोले। आरएएस सुनकर इंस्पेक्टर थोड़ा चौंका।

ये उस वृक्ष के फल थे, जिसे रामेष्वरजी ने अपनी मेहनत की कमाई का कुछ हिस्सा खर्च कर के लगाया था। बैंक की नौकरी में अच्छी तरह सेट होने के बाद से ही वे जरूरतमंद गरीब विद्यार्थियों की मदद किया करते थे। गोठवाल और जीनगर ऐसे ही लड़कों में से थे। ये आज उनको धन्यवाद ज्ञापित करने आये थे।

दोनों ने गाड़ियों से एक–एक मिठाई का डिब्बा निकाला और रामेष्वरजी को दिया। मनपसंद मिठाई देखकर एक बारगी तो उनका चेहरा खिल उठा, पर तत्कालीन परिस्थिति का ध्यान आते ही वे उदासी से बोले, ''सुनो, यह सब यहाँ अच्छा नहीं रहेगा। यह मेरे ही साथ पढ़ा, मेरे ही गाँव का बालसखा गौरीषंकर शर्मा है। बैंक का लोन नहीं चुका पाने के कारण इसका मकान कुर्क हो रहा है। अभी यहाँ मिठाई खाना किसी को भी अच्छा नहीं लगेगा। शाम को घर आओ, और बातें भी होंगी।''

''जी सर''

तभी हार्न से उनका ध्यान उधर आकर्षित हुआ। बैंक कर्मी अपना कार्य पूर्ण कर उनका इन्तजार कर रहे थे।

उनके कदम जीप की तरफ बढ़ चले।

————————

3. अवसर की कीमत

''डॉ. साहब, आजकल के बच्चों में बिलकुल भी क्वालिटी नहीं रही है।'' अभ्यर्थी के बाहर जाते ही इण्टरव्यू बोर्ड के सदस्य डॉ. मीणा ने कहा।

''बिलकुल सही कह रहे हैं सर आप। आजकल के ये बारहवीं पास बच्चे, जो इंजीनियरिंग भी कर रहे हैं, इतने आसान सवालों के जवाब भी नहीं दे पा रहे हैं। इनके जवाब तो हमारे समय में आठवीं–दसवीं पास बच्चे दे देते थे।'' डॉ. बैरवा ने कहा।

''पहले की षिक्षा में क्वालिटी होती थी और बच्चे सीखना भी चाहते थे। आजकल ये मोबाइल में ऐसे घुसे रहते हैं कि कुछ मत पूछिये। और पढ़ना–लिखना तो पसंद ही नहीं। वर्ना पहले हम लोग कोर्स की पुस्तकों के अलावा पुस्तकालय जाकर भी अतिरिक्त पुस्तकें पढ़ लिया करते थे।''

''खैर, इसमें हम लोग कुछ नहीं कर सकते। हम तो अपने अच्छे से अच्छे तरीके से इनको बता सकते हैं, समझा सकते हैं, कहीं से देख कर बता सकते हैं, बाकी पढ़ना तो इनको ही पड़ेगा।'' डॉ. बैरवा ने कहा।

———

''मैडम, इसमें मेरी क्या गलती है? मैंने समय रहते मेरा फॉर्म ऑफिस में जमा करवा दिया था। उस समय मैंने कहा भी था कि आज फार्म जमा करवाने की लास्ट डेट है। अगर आप इसे आज ही आगे नहीं भेज सको, तो मैं स्वयं इसे बाई–हेण्ड जयपुर दे आऊँगा। अब ऑफिस वालों ने समय पर फार्म यहाँ नहीं भेजा तो मैं क्या करूँ ? मेरे पास फॉर्म जमा करवाने का रिसिप्ट नम्बर भी है। ये

देखिये'' कहते हुए मोहन ने एक पर्ची सीनियर आईएएस अधिकारी महर्षि की ओर बढ़ाई।

''बहुत अच्छा'' महर्षि ने पर्ची लेते हुए कहा।

''हेलो, मैं उद्योग निदेषालय से महर्षि बोल रही हूँ। आपके रिसिप्ट रजिस्टर में देखिये कि 30 अप्रैल को रिसिप्ट संख्या 835 की डाक किसने दी थी?'' महर्षि मैडम ने फोन पर कहा।

''नमस्ते मैडम, मैं देखकर बताता हूँ।''उधर से आवाज आई।

''हूँ'' वे बोली।

''मैडम, 835 नम्बर की डाक 30 अप्रेल को मोहन बैरवा नामक व्यक्ति की है। इन्होंने डीएचटी में प्रवेष के लिये फार्म जमा करवाया था।'' थोड़ी देर बाद फोन पर आवाज आई।

''ठीक है।'' कहकर महर्षि मैडम ने फोन काट दिया।

''आप बाहर वेट कीजिये। जब सभी का इण्टरव्यू हो जायेगा तो आपको बुला लिया जायेगा।'' उन्होनें मोहन से कहा।

''ठीक है मैडम, थैंक्यू वेरी मच।'' कहकर मोहन बाहर आकर लॉन में बैठे अन्य अभ्यर्थियों के साथ बैठ गया।

दरअसल मोहन ने डिप्लोमा में प्रवेष बाबत फार्म भरकर अपने जिला के जिला उद्योग केन्द्र में जमा करवाया था। फार्म चूंकि अन्तिम तिथि को जमा करवाया गया था, अतः उसने पहले ही पूछ लिया था कि यह समय पर राज्य मुख्यालय पँहुच जायेगा या नहीं ? आष्वस्त हो जाने के बाद ही उसने फार्म जमा करवाया और साथ ही उसका रिसिप्ट नम्बर ले लिया जो कि बाद

में काम आया। उसे तो इण्टरव्यू के लिये कॉल लेटर भी नहीं मिला था। इण्टरव्यू 10 बजे शुरु होने वाला था, लेकिन वह 9 बजे ही ऑफिस पँहुच गया था। लॉन में बैठे–बैठे ही उसने दूसरे अभ्यर्थियों के कागजात देख लिये थे और महसूस किया कि उसका नम्बर आ सकता है। जब ऑफिस का कर्मचारी अभ्यर्थियों के हस्ताक्षर करवाने के लिये आया, तो उसने देखा कि कुल 15 अभ्यर्थियों के नाम लिस्ट में थे, जिनमें से भी दो तो आये ही नहीं थे और जो आये थे, वे भी योग्यता में उससे कम ही थे। उसने अपनी समस्या से कर्मचारी को अवगत करवाया। कर्मचारी कोई भला आदमी था। उसने एक खाली कागज लाकर उसे दिया और कहा कि आप एक एप्लीकेषन लिख दो। एप्लीकेषन को लेकर वह सम्बन्धित अधिकारी से मिला और इण्टरव्यू में न केवल बैठाया गया, बल्कि उसका सलेक्षन भी हुआ।

कुछ ही दिनों बाद उसके घर सलेक्षन का लेटर आ गया। उसकी आवष्यक तैयारियाँ कर वह कॉलेज के रोवर स्काउट्स के साथ मध्यप्रदेष के पंचमढ़ी स्टेषन कैम्प में चला गया। वहाँ से वापसी में ट्रेन काफी लेट हो रही थी, अतः भोपाल से ही वह रोड़वेज की बस पकड़कर घर आ गया और फिर घर से सैंकड़ों किलोमीटर दूर डिप्लोमा की ट्रेनिंग की। मेहनती वह शुरु से ही था, अतः मिले हुए समय का उसने सदुपयोग किया तो उसकी प्रतिभा निखरी और वह अच्छे अंकों से पास हुआ। नौकरियाँ उसे मिली भी और उसने की भी, लेकिन आगे बढ़ने की ललक और अच्छा बनने की चाहत के कारण वह अधिक रुक कर काम नहीं कर पाया। उसने बी टेक में प्रवेष ले लिया।

धीरे–धीरे उसे दुनियादारी की समझ आने लगी। कई खट्टे–मीठे अनुभव हुए। उसने महसूस किया कि आज भी उसके वर्ग के लोगों के साथ बहुत ही भेदभाव, छुआछूत और परेषानियाँ हैं। अतः जितनी अपनी योग्यता बढ़ायेंगे, इनसे मुक्ति मिलती जायेगी। इसी सोच के साथ उसने गेट की परीक्षा भी पास कर ली और बी टेक करने के बाद कुछ समय तो प्राईवेट फैक्टरी में नौकरी की। कुछ समय बाद उसकी शादी हो गई। इस समय बिलकुल खाली होने के कारण उसने यूनिसेफ के एक प्रोजेक्ट में काम करना शुरु कर दिया। फिर एम टेक में प्रवेष ले लिया। वहाँ से बहुत कुछ सीखने को मिला।

एम टेक के बाद रोजी–रोटी का संघर्ष शुरु हुआ। पहले खुद की ही जिम्मेदारी थी, अब एक और साथ थी। आज उसकी आत्मा जानती है कि डिप्लोमा, बी टेक और एम टेक होने के बावजूद वह एक अदद छोटी–सी नौकरी के लिये वह किस–किस फैक्टरी नहीं गया और कहाँ–कहाँ नहीं गया? लेकिन जाति कहीं नहीं जाती थी। कई स्थानों पर तो साफ पूछा जाता था कि बैरवा कौन होते हैं ? गोया कि नौकरी नहीं देना हो, शादी–ब्याह करना हो!! उसने महसूस किया कि उसकी जाति वाले प्राइवेट नौकरियों में केवल नीचे के पदों पर ही नौकरी पा सकते हैं, उच्च पदों पर नहीं। ऐसी परिस्थितियाँ उत्पन्न कर दी जाती हैं कि या तो नौकरी से निकाल दिये जाते हैं या खुद इस्तीफा देना पड़ता है। जयपुर, पानीपत, पाली– सभी जगह उसने कोषिष की और अंत में कुछ समय जयपुर नौकरी करने के बाद उसी कॉलेज में गेस्ट

फैकल्टी में तकनीकी सहायक की नौकरी मिली, जहाँ से उसने स्नातक की थी।

डूबते को तिनके का सहारा ही काफी था। दो घण्टे का एक पीरियड होता जिसके 300 रुपये मिलते। जिस दिन पीरियड नहीं, पैसे नहीं। वह परिवार को बुलाना चाह रहा था, लेकिन रहने की समस्या थी। चारों तरफ तलाष करने पर भी कोई मकान ढंग का नहीं मिला। हर जगह जाति आगे आ जाती थी। जाति उसके लिये ऐसी हो गई कि हटाये न हटती थी। जहाँ ठीक–सा मकान मिलता, वहाँ किराया ज्यादा होता। अन्ततः एक मुस्लिम परिवार ने उसे कमरा किराये पर दिया। उसने सोचा, 'हिन्दुओं से तो ये ही अच्छे, कम से कम सिर पर छत तो दी।'

—————

जीवन धीरे–धीरे गुजरता जा रहा था। वह सोचता कि गेस्ट फेकल्टी के सहारे तो काम चल नहीं सकता, क्या करें ? छुटि्टयों में कई–कई दिनों तक जब कक्षायें लगती ही नहीं थी, तब तो बड़ी ही मुष्किल हो जाती थी। उसने कॉलेज के बाद बच्चों को ट्यूषन पढ़ाना शुरु कर दिया। ट्यूषन पढ़ाने से काफी आर्थिक सहारा मिलने लगा था। उसने काफी धैर्य के साथ दिन बिताये। अपना ज्ञान बढाने और अनुभव लेने के लिये कितनी ही बार उसने टेस्ट्स और मुख्य परीक्षाओं तक की कॉपियां चेक कीं, जिनकी उसे फूटी कौड़ी भी नहीं मिलती थी। लेकिन ''पढ़ा हुआ कहीं न कहीं काम आता है'' और ''खुद का भी अभ्यास बना रहेगा'' यही सोचकर वह इस प्रकार के कार्य कर लेता था। एक बार घर गया तो साईकिल लेता आया जिससे काम और आसान हो गया। अलग से कोई खर्चे

होते नहीं थे। वह, एक प्यारी सी बच्ची और पत्नी–यही परिवार साथ था उसका।

समय गुजरता गया। लगभग तीन साल बाद उसे पता चला कि यहीं एक पोस्ट प्रवक्ता की खाली है उसके ही विभाग में और उसी की श्रेणी की। रिज़र्व। उसने मन बना लिया कि इसी पोस्ट के लिये तैयारी करनी है। अपने सारे कागजातों को जमाया, जो नहीं थे, वे बनवाये और अपनी तैयारी करता गया। उन दिनों वह प्राचार्य की बेटी को ट्यूषन भी पढ़ाता था, जो मिडिल क्लास में थी अतः कुछ आवष्यक जानकारी उनसे मिल जाती थी।

अब उसे भविष्य की चिन्ता सताने लगी थी। स्थाई रोजगार आवष्यक था। प्रवक्ता पद के लिये निकाली गई भर्ती में सभी आवष्यक कागजात लगा कर उसने आवेदन किया और परीक्षा/साक्षात्कार की प्रतीक्षा करने लगा।

कुछ समय बाद कॉल लेटर आया। वह जोर–षोर से तैयारी में जुट गया। लेकिन जिस दिन परीक्षा रखी गई, उस दिन बकरा ईद का अवकाष होने के कारण वह स्थगित कर दी। यह आषंका उसने पहले ही प्राचार्यजी को बता दी थी, लेकिन उन्होनें अनसुनी कर दी, यह कह कर कि छुट्टी के दिन तो सारी प्रतियोगी परीक्षायें होती ही हैं।

खैर। इंतजार के अलावा कोई और चारा भी नहीं था। साल भर बाद उसी पद के लिये दुबारा आवेदन मांगे गये। वह पुनः सतर्क हो गया और सावधानी से सारे कागजात जमा करवा कर बाकायदा 'रिसिप्ट' ले ली। अब उसे परीक्षा और इण्टरव्यू का इन्तजार था। वह सूचनाओं पर नजर रखे हुए था।

परीक्षा हुई, इन्टरव्यू हुआ। कुल जमा तीन फार्म आये थे, जिनमें भी एक अभ्यर्थी तो परीक्षा देने ही नहीं आया। दूसरे को भी उसने बुलाया था ताकि कोरम तो पूरा हो। वे और कोई नहीं उसके ही डिप्लोमा और डिग्री के सीनियर राजकुमार ही थे।

सब कुछ होने के बाद भी रिजल्ट नहीं दिया जा रहा था। दो महीने बीत गये। अंततः उसने आर–पार लड़ाई की ठानी।

आज डॉ. पोखरना का संदेष मिला कि अजमेर में वैज्ञानिक और तकनीकी शब्दावली आयोग की दो दिवसीय कार्यषाला है, आपको आना है। एक बार तो उसने सोचा कि क्या करेंगे, फालतू में किराया लगेगा। पर झट ही विचार आया कि वहाँ से जयपुर जाकर प्रमुख सचिव साहब से रिजल्ट के बारे में बात कर सकते हैं। सुनते हैं काफी भले आदमी हैं। उसने तरतीब से अपने सारे कागजात तैयार करके रख लिये।

कार्यषाला में काफी कुछ सीखने को मिला। समापन के बाद रात की गाड़ी से ही वह निर्णायक बात करने, अपनी व्यथा प्रमुख सचिव महोदय से कहने चल पड़ा।

जरूरी औपचारिकताओं को पूरी करने के बाद उसने अपना प्रार्थना–पत्र प्रमुख सचिव साहब को भिजवा दिया। उन्होंने उसे ध्यान से पूरा पढ़ा और पूछा, ''प्रिंसिपल तो शर्मा हैं न आपके ?''

मोहन, ''जी सर।''

''अब तक रिजल्ट क्यों नहीं दिया, दे देना चाहिये था।'' कहते हुए उन्होंने फोन मिलाया और कहा, ''षर्माजी बोल रहे हैं ? इन लडकों का रिजल्ट अब तक क्यों नहीं दिया

? ये परेषान हो रहे हैं। अच्छा, मोदानीजी से मैं बात करता हूँ।'' कहकर उन्होंने फोन काटा और दुबारा मिलाया, ''हलो, मोदानीजी, कल शर्माजी आयेंगे। आपको रिजल्ट के लफाफे उनको दे देने हैं। बीओजी की मीटिंग में खोलने हैं।'' फोन रखने के बाद वे मोहन से मुखातिब हुए, ''बात हो गई है। कल बीओजी में रिजल्ट के लफाफे खुल जायेंगे।''

''जी सर'' उसने नम्रता से कहा।

कुछ देर रुक कर उन्होनें पूछा,''आपका सलेक्षन नहीं हुआ तो क्या करोगे?''

सुनकर एकबारगी तो मोहन का चेहरा फ़क्क हो गया, लेकिन खुद को संयत करके हाथ जोड़ते हुए बोला, ''सर, सलेक्षन नहीं होगा तो दूसरी जगह कोषिष करुँगा।''

''ठीक है।'' वे बोले।

उसने झुककर नमस्ते की और चेम्बर से बाहर आ गया।

अगले दिन प्रातःकालीन भ्रमण पर सहा. कर्मचारी प्यारेलाल से पता चला कि न केवल उसका, बल्कि अन्य विभागों के प्रवक्ताओं का भी रिजल्ट आ गया है और अन्य ब्रान्चों के लिये कॉलेज समय 5 बजे सायंकाल तक होने के कारण कुछ ने शनिवार को ज्वाइन भी कर लिया है। उसने सन्तोष की साँस ली।

— — —

आज वह इण्टरव्यू लेने विषय–विषेषज्ञ बन कर आया है। सोचता है कि अगर अवसर पर वह अपनी बात नहीं रखता तो न जाने कहाँ होता? डिप्लोमा में प्रवेष के समय, चाहे डिग्री में प्रवेष के समय या प्रवक्ता पद के रिजल्ट के

समय, स्पष्टता और विनम्रता से अपनी बात कह देने का ही नतीजा है कि आज वह न केवल अच्छे पद पर है, बल्कि कई लोगों के लिये प्रेरक भी है। यह तो दृष्टि का फर्क है कि कोई किस तरह बात को देखता है, समझता है और व्यवहार में लाता है ?

———

4. संवेदना

वह कुछ परेषान–सी इधर–उधर ताक रही थी। उसके समझ में नहीं आ रहा था कि क्या करे ? तेज कानफोड़ू डिस्को संगीत, गाड़ियों की चिल्लपौं और बैण्ड–बाज़े की तेज़ आवाज़ में यहाँ कोई दो कदम दूर भी उसकी आवाज़ सुनने वाला नहीं था। पीठ पर बँधें अपने बच्चे की आवाज़ उसे सिर्फ़ महसूस ही हो रही थी।

आज शाम छह बजे से ही वह निकासी में थी। सिर पर रोषनी का भारी हण्डा और पीठ पर पुरानी शॉल में बँधा बालक। आखिर वह करे भी तो क्या करे ? परिवार का कैसे तो पेट पालना था। बड़ा बच्चा पड़ौसी के पास छोड़कर वह पति के साथ इस निकासी में आई थी। वह भी दूसरी लाईन में एक सिरे पर सिर पर रोषनी का हण्डा लिये चल रहा था। चलने के पहले उसने बच्चे को दूध पिला कर पीठ पर बाँध लिया था। उसने सोचा था कि निकासी पूरी होने तक वह सोता रहेगा, पर तेज़ आवाज़ों में उसकी नींद खुल गई और अब वह लगातार रोये जा रहा था।

उसने असहाय नज़रों से एक बार फिर चारों ओर देखा। विवषता उसके चेहरे पर साफ झलक रही थी।

'अरे, ये तो वही मैडम हैं जो परसों हमारी बस्ती में आई थीं।' भीड़ में एक जाना–पहचाना चेहरा देख कर वह मन ही मन बोली।

''मैडमजी'' उसने आषा भरी नजरों से उनकी ओर देखते हुए जोर से आवाज लगाई।

कुण्डारा मैडम, जो एक स्वयंसेवी संस्था चलाती हैं, ने चौंक कर उसकी तरफ देखा। लाईट का हण्डा सिर पर लिये एक औरत आषा भरी नजरों से उन्हें देख रही थी।

'अरे, याद आया। परसों इसकी बस्ती में ही तो संस्था का कार्यक्रम था। इसने बस्ती में काफी मदद की थी। क्या इसी ने आवाज दी है ?'' उन्होनें प्रष्नवाचक नजरों से उसे देखा। दोनों की नज़रें मिली। भीड़ से बचती–हटती कुण्डारा मैडम उसके सामने आ खड़ी हुई।

''क्या तुमने ही अभी आवाज़ दी थी ?'' उन्होनें पूछा।

'' हाँ मैडमजी। मैं कहना नहीं चाहती, पर मैं बहुत मजबूर हूँ। मेरा बेटा मेरी पीठ पर बँधा बहुत देर से रो रहा है। मैं बस एक मिनट उसे दूध पिला लूँ, तब तक इस हण्डे को कोई पकड़ ले तो बहुत दया होगी। मैं उसका बहुत अहसान मानूंगी।'' वह एक ही साँस में अपनी पीड़ा कह गयी।

कुण्डारा मैडम ने इधर–उधर देखा, एक पल सोचा और बोली, ''कोई बात नहीं, चौराहा आ गया है। यहाँ कम से कम दस मिनट डांस होगा, तब तक तुम बच्चे को वहाँ चबूतरी पर दूध पिला लो, हण्डे को मैं पकड़ लेती हूँ।'' कहकर उन्होनें हण्डा उसके हाथ से ले लिया।

''मैं बस अभी आई।'' कहकर वह चबूतरी की तरफ दौड़ी।

निकासी ठहर चुकी थी। नाचने–गाने वाले नाचने–गाने में मषगूल थे। साईड में खड़ी एक जीप के बोनट पर हण्डे को रख उसे थामे कुण्डारा मैडम अपना निकासी में शामिल होना धन्य मान रही थीं।

—————

5. नॉक्आउट

संकाय के सभी सदस्यों के चेहरों पर आष्चर्य मिश्रित कौतूहल था। प्रोफेसर जाटव बहुत ही कम मीटिंग लेते थे, वह भी अति आवष्यक होने पर ही। आज पष्चिम में सूरज कैसे उगा ? हँसमुख–मिज़ाज के धनी प्रोफेसर जाटव विभागाध्यक्ष और परीक्षा संयोजक हैं। आमतौर पर अपने काम से काम रखने वाले और छोटी–मोटी बात मौखिक ही कर लेने वाले प्रोफेसर जाटव दूसरों की मदद हेतू सदैव तत्पर रहते हैं। वे कॉलेज में आधुनिक नवाचारों के लिये जाने जाते हैं। आज कई महीनों बाद मीटिंग ले रहे हैं इसका मतलब जरूर कुछ खास बात है।

कॉलेज के डिजिटल डिस्प्ले वॉच ने ज्योंही दो बजाये, अपने–आप पूरे कॉलेज में जगह–जगह लगे स्पीकर्स में मीटिंग में पँहुचने की सूचना प्रसारित होने लगी। साथ ही संकाय सदस्यों के मोबाईलों पर अलग–अलग ट्यून में संदेष आने लगे। ठीक दो बजकर पाँच मिनिट पर मीटिंग हॉल के सभी गेट बंद हो गये। कई संकाय सदस्य भागते नजर आये, पर फिर भी कुछ बाहर ही रह गये। नई तकनीक और प्रोफेसर जाटव को कोसने वालो में कई थे। वे सभी अपने अपने मायूस चेहरे लिये केण्टीन की तरफ बढने लगे।

''क्या समय आ गया है ? दो बजे मीटिंग का टाईम हो और दो बजकर पाँच मिनिट पर गेट बंद हो जाये!! हमारे जमाने में तो ढाई बजे से तो लोग आना ही शुरु होते थे।'' प्रो. विजय ने कहा।

''पूरा जापानी कल्चर आ गया है। समय की पाबंदी, अपना काम खुद करना। जाटव जी पूरे आदर्षवादी हैं। नियम के पक्के। वो तो पता नहीं इस बार कैसे पाँच मिनिट अधिक दे दिये, अन्यथा तो एक दिन मुझे बुलाया था, अटेण्डेंस रजिस्टर लेकर। दो मिनिट लेट पँहुचने पर ही क्या उतारी थी कि सारी होषियारी धरी रह गई। सारी सफ़ाई को इस तरह खारिज कर दिया, जैसे कोई वकील विपक्ष के वकील के तर्क काटता है। माफी मांग कर पिण्ड छुड़ाना पड़ा था।'' प्रो. रामसिंह ने रास्ते में पड़े पत्थर के ठोकर मारते हुए कहा।

''अब इनका ही राज चलेगा, भई।'' दीर्घ निःष्वांस लेते हुए प्रो. सुषर्मा बोले। ''यह कलियुग है कलियुग। वे भी क्या दिन थे जब हम कहीं भी निकलते थे तो लोग झुक–झुक कर दण्डवत करते थे। अरे साब, तब इनका तो मुँह–देखना तक पाप समझा जाता था। तुरन्त नहाना पड़ता था या सूर्य–दर्षन करना करना पड़ता था। आज पढ़–लिख गये तो हाकिम बन गये।'' हिकारत से एक तरफ थूकते हुए उन्होने आगे अपनी भड़ास निकाली, ''सब भाग्य का खेल है। जिस ब्राह्मण के गुस्से के आगे तीनों लोक काँपते थे, वह आज दर–दर का भिखारी बना हुआ है और जो कूड़ा–करकट साफ करते–करते मर जाते थे, वो प्रोफेसर बने हुए हैं।''

गेट बंद होते ही मीटिंग शुरु हो चुकी थी। प्रोफेसर जाटव बहुत गम्भीर लग रहे थे, मानों कोई बहुत बड़े संकट की जानकारी उनको हो।

''डियर फेकल्टी मेम्बर्स, यह मीटिंग बहुत ही अहम है। विज्ञान के अविष्कारों ने जहाँ मानव जीवन सुखद बनाया

है, वही कुछ अविष्कार मानव जीवन के लिये अभिषाप बन चुके हैं। ऐसा ही एक अविष्कार अभी हाल ही में सामने आया है, यदि यह फैल गया और इसका तोड़ नहीं निकाला गया तो यह समूची षिक्षा पद्धति को ही ध्वस्त कर देगा। इसकी भयावहता को एक छोटी सी फिल्म से समझते हैं।''प्रोफेसर जाटव बोले।

हॉल की लाइटें बंद हो गईं। अत्याधुनिक एलइडी प्रोजेक्टर पर फिल्म उभरती है।

यह एक परीक्षा हॉल का दृष्य है। पेपर बंट चुके हैं। सब विद्यार्थी उसे पढ़ने में दत्तचित्त हैं। कैमरा एक–एक विद्यार्थी को स्कैन करता हुआ बढ़ रहा है। अचानक एक विद्यार्थी के पास के पास जाते ही कैमरा लाल संकेत देने लगता है। उसे वहीं केन्द्रित कर दिया जाता है।

आश्चर्य! महाआष्चर्य!! वह लड़का ज्यों–ज्यों पेपर पढ़ता जाता है, दूर कहीं बैठे उसके दोस्त के कम्प्यूटर स्क्रीन पर पूरा पेपर वैसा का वैसा उभर आता है। सभी दर्षकों की आँखें फटी की फटी रह जाती हैं। प्रोजेक्टर पर अगला दृष्य तो और भी चौंकाने वाला आता है। कम्प्यूटर पर बैठा लड़का प्रश्नों के उत्तर कम्प्यूटर से ही देख–देखकर धीरे–धीरे पढ़ने लगता है। परीक्षा–हॉल में बैठा लड़का उन उत्तरों को सुन–सुन कर कॉपी में लिखता जाता है। इसी के साथ प्रोजेक्टर बंद हो जाता है।

उपस्थित संकाय सदस्यों में काफी गहमा–गहमी है। यह तो वास्तव में अविष्कार नहीं, अभिषाप है। यह सम्पूर्ण षिक्षा प्रणाली को ही ध्वस्त कर देगा। इसके चलते कोई भी परीक्षा भला कैसे पारदर्षी रह पायेगी?

अपनी सीट से खड़े होकर प्रो. जाटव ने सभी को सम्बोधित किया, ''आप सभी ने इस अविष्कार की भयावहता देखी। पूरे विष्व की परीक्षा प्रणाली की पवित्रता के लिये यह अविष्कार एक अभिषाप है। यदि इस पर जल्द ही अंकुष नहीं लगाया गया तो यह अंदाज लगाना मुष्किल नहीं होगा कि यह किस कदर भयानक साबित होगा ? मैं आप सभी से, खास तौर पर इलेक्ट्रॉनिक्स, सूचना प्रौद्योगिकी और साइबर क्राइम ब्रांच के विद्वान प्रोफेसर्स से अनुरोध करता हूँ कि वे इस समस्या का समाधान ढूंढने में जुटें। आपको जो भी सुविधायें उपकरण, साधन—संसाधन या कोई गेजेट्स मंगवाने, हों तो उनको मंगवा लीजिये, लेकिन इस नई तकनीक का कुछ तोड़ निकालिये।''

औपचारिक चाय—नाष्ते के बाद मीटिंग समाप्त हो गई। सभी सदस्य अपने—अपने विभागों में चले गये। इलेक्ट्रॉनिक्स विभाग के प्रो. वर्मा ने भी इस पर काफी माथापच्ची की, लेकिन उन्हें कोई विषेष समाधान नहीं सूझा। वे काफी मेहनती और और लगनषील हैं, परन्तु इस मामले में मेहनत और लगन के अलावा धैर्य, समय और बहुत कुछ और भी चाहिये। अतः उनका ध्यान अपने ही विभाग में नवनियुक्त सह प्रो. बैरवा की ओर गया।

आई. आई. टी. दिल्ली से एम. टेक करने के बाद वे पहले ही इण्टरव्यू में यहाँ चयनित हो गये। उन्होंने आई. आई. टी. दिल्ली से ही पीएच डी हेतु रजिस्ट्रेशन करवा लिया था और उनका विषय भी साइबर क्राइम पर ही था। अतः इस समस्या की ओर उनका झुकाव स्वभाविक था।

सह प्रोफेसर बैरवा बिलकुल ग्रामीण परिवेष से थे। आज वे जो कुछ भी थे, अपने माता–पिता के सहयोग, अपनी मेहनत और लगन के बल पर ही थे और इसका उन्हें अहसास भी था। ग्रामीण माहौल में जो परेषानियां, दुख–दर्द और वर्जनायें एक दलित को सहनी पड़ती हैं, और आज भी सह रहे हैं, वे सब उन्होंने सही। अभाव, दरिद्रता, पग–पग पर जातिगत अपमान और षिक्षा के प्रति घर–परिवार का उदासीनता का वातावरण; सब झेला था उन्होंने। लेकिन उनमें धैर्य था, लगन थी, कुछ करने का ज़ज्बा था और विष्वास था कि वे एक न एक दिन इस दमघोंटू, दुर्गन्धयुक्त और भेदभावपूर्ण वातावरण से जरूर निकल पायेंगे। मेहनत से उन्होंने कभी जी नहीं चुराया और आर पी एस सी के जरिये सीधे ऐसोसिएट प्रोफेसर चुन लिये गये।

प्रोफेसर वर्मा के सानिध्य में काम करना उनके लिये एक वरदान था। वे उन्हें सदैव उच्च अध्ययन हेतु प्रेरित करते रहते थे। उनका ध्येय यही था कि जो दुख दर्द उन्होंने सहन किये, वे उनके किसी विद्यार्थी को सहन नहीं करने पड़े। इसी सोच के कारण वे एक–दो ऐसे संगठनों से भी जुड़ गये थे जो गरीब और जरूरतमंद विद्यार्थियों की मदद किया करते थे। इसी कारण कई विद्यार्थी उनसे सीधे ही मिल लिया करते थे और खाली हाथ नहीं लौटते थे। कॉलेज में उनका अनुषासित और सौम्य व्यवहार सबको अपनी ओर आकर्षित करता था।

''षर्माजी, जैसा जाटव साहब ने बताया है, उस हिसाब से तो समस्या काफी गम्भीर लगती है। पर इसमें हम क्या कर सकते हैं ? जिनको करना हो, वो करें माथापच्ची।

हमें तो लड़कों को पढ़ाने का काम दिया है, उसी की तनख्वाह मिलती है, सो लड़कों को हम पढ़ा ही रहे हैं।'' कैण्टीन में चाय की चुस्की लेते हुए प्रो. माहेष्वरी बोले।

''और नहीं तो क्या। अपने लिये तो आईटी, इलेक्ट्रॉनिक्स की साधारण जानकारी काफी है। अगर ये रिसर्च के काम भी हम करने लग गये तो ये लोग क्या करेंगे? क्यों सिंह साहब, ठीक है ना ?'' नमकीन फाँकते हुए प्रो. शर्मा बोले।

''बिलकुल सही। ये आईटी इलेक्ट्रॉनिक्स वाले पहले तो अविष्कार कर लेते हैं, फिर बाद में जब पता चलता है कि इसके तो फायदे कम और नुकसान अधिक हैं तो उसके तोड़ के लिये फिर सिर खपाते रहते हैं।'' प्रो. सिंह बिस्कुट चबाते हुए बोले।

''यही तो हो रहा है।'' प्रो. शर्मा बोले।

''खैर, देखते हैं कि कौन इस नई समस्या का समाधान निकालता है ?'' कहते हुए प्रो. माहेष्वरी खड़े हो गये।

''क्या तोड़ निकलना है जी, मुझे तो यह समस्या ही लाईलाज लगती है। कौन ऐसा इंटेलिजेंट है यहाँ जो इससे दो–दो हाथ कर सके?'' प्रो. शर्मा बोले।

''हर आदमी की अलग–अलग चिप बनाकर उसके दिमाग में फिट करो, फिर उससे विषेष सिग्नल वाले कम्प्यूटर से जोड़ो, फिर नकल करो, यह सब पहले किसी के सपने जैसा था जो अब सच हो गया। अब इसका तोड़ ढूंढना बाकी है जो कि इतना आसान नहीं है।'' प्रो. सिंह बोले।

''कभी–कभी सपने भी सच होते हैं साहब। राजीव गांधी– इंदिरा गांधी ने कभी यह सपना जरूर देखा था कि देष में संचार माध्यम सबके लिये सुलभ हों। लेकिन

यह नहीं सोचा होगा कि हर हाथ में सिगरेट की डब्बी के बराबर चलता–फिरता फोन होगा । आज इस छोटे–से डब्बे में क्या नहीं है–फोन, डायरी, कैमरा, इण्टरनेट, कम्प्यूटर, टीवी, वीसीडी, टेप, रेड़ियो, लाईट, घड़ी, कम्पास, अलार्म, खेल, केलकुलेटर, रिकार्डर, करेंसी चेकर और न जाने क्या–क्या। आज से 20–25 साल पहले कोई मोबाइल फोन के बारे में सोच भी नहीं सकता था। कभी अकबर या महाराणा प्रताप ने फोन के बारे में सोचा था? जैसे उनको ये सब चीजें चमत्कार लगतीं, वैसे ही आज हमें इस समस्या का तोड़ चमत्कार लग रहा है, लेकिन यह संभव भी हो सकता है।'' प्रो. शर्मा बोले।

''हाँ, पहले एच जी वेल्स की तरह कल्पनाएँ की जाती हैं, फिर वे साकार भी हो ही जाती हैं।''प्रो. माहेष्वरी बोले।

 प्रो. वर्मा और सह प्रोफे. बैरवा अब संयुक्त रूप से काम करने लग गये। एक के पास अनुभव, परिपक्वता और धीरज की पूँजी थी तो दूसरे के पास जोष, जज़्बा, आधुनिक तकनीक का ज्ञान और कठिन परिस्थितियों में भी होंसला बनाये रखने की क्षमता थी।

जल्दी ही उनकी मेहनत रंग लाने लगी। एक दिन वह भी आया, जब वे महीनों बाद चैन की नींद सोये। अगले दिन दोनों ही प्रो. जाटव से मिले और अपने कार्य की सफलता के बारे में बताया। सुनकर वे खुषी से झूम उठे। उनके कॉलेज में इतने होषियार फेकल्टी मेम्बर्स भी हैं, यह उनको आज पता चला।

''वेरी गुड प्रो. वर्मा, आपने तो कमाल कर दिखाया। और बैरवाजी, आपको भी बहुत–बहुत बधाई। यह तो वास्तव में एक चमत्कार हो गया।'' वे उत्साहित होकर बोले।

''सर, इसमें मेरा तो मात्र निर्देषन और थोड़ा–बहुत सहयोग है, अन्यथा मौलिक विचार तो बैरवाजी के ही हैं।'' प्रो. वर्मा बोले।

''एक्सीलेंट। मैं सोच भी नहीं सकता था कि इतने कम समय में कोई इस समस्या का समाधान कर लेगा। कल मीटिंग में इसका डेमो देना है।'' वे बोले।

''ठीक है सर।'' दोनों एक साथ बोले।

प्रो. जाटव ने दोनो को हाथ मिला कर विदा किया।

अगले दिन फिर मीटिंग थी। इस बार सब में उत्सुकता थी। आखिर किसने इतने कम समय में इस भावी समस्या पर काबू पाया ? कोई भी इसके समाधान से वंचित नहीं रहना चाहता था, अतः आज सब समय से पहले ही मीटिंग में आ गये थे।

प्रो. वर्मा और सह प्रोफे. बैरवा तन्मयता से कम्प्यूटर्स आदि की सेटिंग करने में लगे हुए थे। आज उनकी परीक्षा थी।

नियत समय पर प्रो. जाटव आ चुके थे। हॉल की लाईट्स बंद हो चुकी थी। प्रोजेक्टर चालू कर दिया गया। प्रो. शर्मा, प्रो. सिंह और प्रो. माहेष्वरी की आँखें आष्चर्य से फटी रह गईं। तकनीक यहाँ तक पँहुच चुकी!!

फिल्म की समाप्ति पर नई फिल्म लगाई गई। विद्यार्थियों की भीड़ मेन गेट से आ–जा रही है। मेटल डिटेक्टर लगे हुए हैं। लड़के आसानी से आगे बढ़ते जा रहे हैं। ज्योंही लड़के परीक्षा हॉल में जाने लगते हैं, परीक्षा नियंत्रण कक्ष में लगे सीसी कैमरों के सीपीयू रेड ब्लिंकिंग के साथ–साथ बीपिंग करने लग जाते हैं। तुरन्त नियंत्रक द्वारा परीक्षा हॉल के दृष्य को एन्लार्ज करके देखा जाता

है। सिक्योरिटी के साथ दो सहायक प्रोफेसर कण्ट्रोल रूम से चलते हैं और हॉल में जाकर चिन्हित लड़को को पकड़ कर ले आते है। लड़के असमंजस में हैं कि आखिर उनको यहाँ क्यों लाया गया है? कण्ट्रोल रूम के पास वाले कमरे में उनका मुँह दीवार की तरफ कर खड़ा किया गया। सह प्रोफे. बैरवा एक स्पेषल टॉर्च द्वारा बारी–बारी उनके सिर पर रोषनी डालते हैं। उनके सिर का स्कैन तैयार कर लिया जाता है जिसमें सिर में माइक्रोचिप साफ नजर आती है। लड़कों को तुरन्त परीक्षा से निकाल दिया जाता है और सिटी अस्पताल ले जाया जाता है। एक छोटे ऑपरेषन द्वारा सबकी चिप निकाल कर सम्बन्धित स्कैनषीट उनकी कॉपियों के साथ नत्थी कर उनका केस बना दिया जाता है। इसके साथ ही फिल्म समाप्त हो जाती है।

हॉल तालियों की गड़गड़ाहट से गूंज उठता है। सभी लोगों ने प्रो. वर्मा, तथा सह प्रोफे. बैरवा को बधाईयां दीं। प्रो. जाटव ने दोनों को गले लगा लिया।

''अब हमें इस तरह का कोई खतरा नहीं है।'' प्रो. जाटव बोले।

''जब तक कोई इससे भी उच्च तकनीक नहीं खोज ली जाती है, या हमारे फेकल्टी के सदस्य लापरवाह नहीं हो जाते हैं, तब तक यह तकनीक बेमिसाल है।'' प्रो. वर्मा बोले।

''सही कह रहे हैं आप। आखिरकार बच कर कहाँ जायेंगे? पर हमारे ही साथी किसी अपने को बचाने में लग गये तो फिर बात ही दूसरी है। मैं आप दोनों का नाम

आगे भेजता हूँ ताकि आपके नाम से पेटेण्ट मिल सके।''
प्रो. जाटव बोले।

''ठीक है सर। जैसा आप उचित समझें।'' प्रो. वर्मा और
सह प्रोफे. बैरवा साथ–साथ बोले।

-----

6. अधिकार

आसमान से आग बरस रही थी और धरती तवे की तरह तप रही थी। सांय–सांय करती लू और चल रही थी। ऐसा लगता था जैसे सारी गर्मी आज और अभी ही पड़ेगी। गाड़ी कोलतार की सड़क पर सरपट दौड़ी जा रही थी। ड्राइविंग सीट पर खुद डॉ. बैरवा बैठे थे। पीछे की सीट पर उनके दोनों बच्चे। प्यास के मारे तीनों का बुरा हाल होने लगा था। साथ में लाया पानी का कैम्पर पूरी तरह खाली हो चुका था।

''पापा, दादी का घर कब आयेगा ?'' छोटे बच्चे टोनू ने अधीरता से पूछा।

''बस बेटा, थोड़ी देर में ही आ जायेगा।'' उन्हें दिलासा देते हुए डॉ. बैरवा ने कहा।

डॉ. बैरवा शासन सचिवालय में गृह विभाग में सचिव हैं। आज छुट्टी का दिन था, अतः अपने पैतृक गाँव चाँदसेन, जो जयपुर–लालसोट रोड़ पर पड़ता है, जा रहे थे। वैसे वे गाँव बहुत कम आते थे। एक तो उच्च पद की जिम्मेदारियों से ही अवकाष नहीं मिल पाता था, दूसरे, गाँव का दमघोंटू माहौल उन्हें अच्छा नहीं लगता था। कहाँ जयपुर जैसा बड़ा और साफ–सुथरा शहर, अच्छा दफ़्तर, आलीषान सरकारी बँगला, नौकर–चाकर और कहाँ एक अभावग्रस्त, पिछड़ा हुआ गाँव, जहाँ आज भी जातिगत भेदभाव और छुआछूत का जोर है। जहाँ आज भी उन्नीसवीं शताब्दी के रीति–रिवाज़ और मान्यतायें लोगों को जकड़े हुए हैं। गाँव के तथाकथित उच्चवर्ग के लोगों को इस बात का गर्व तो कतई नहीं था कि उनके ही बीच का एक आदमी पढ़–लिख कर उच्च अधिकारी

बन गया है, बल्कि उन्हें इस बात का भारी अफसोस था कि आखिरकार एक अनुसूचित जाति का व्यक्ति क्योंकर ऊँचा अधिकारी बन गया ? उनके सहपाठी जातीय दंभ के कारण, कि पढ़—लिख कर क्या करेंगे, खूब जमीन—जायदाद है, पुष्तैनी हवेलियाँ है, एक कुण्ठा—मिश्रित निंदा के जरिये अपनी भड़ास निकालते— ''क्या हुआ जो वह अफसर बन गया ? आरक्षण से अफसर बना है। अफसर बनने से जात थोड़े ही बदल जायेगी ? रहेगा तो वही।'' और वे गन्दी जातिगत गाली देने से भी नहीं चूकते।

इतने में डॉ. बैरवा का ध्यान सामने आ रही बस्ती की ओर गया। कोई ढाणी थी छोटी—सी। आसपास के खेत में बाड़ी की हुई थी। उन्होनें सोचा, यहाँ शायद पानी मिल जायेगा। अचानक साईड में ही एक हैण्डपम्प दिखा। किसी से पूछने की आवष्यकता ही न रही। उन्होनें गाड़ी पास ही में रोक दी। गाड़ी से उतर कर चष्मा उतारा और एक भरपूर अंगड़ाई ली। गाड़ी चलाते चलाते हाथ पैर ही जैसे जकड़ गये थे। तब तक दोनों भाई—बहिन भी कैम्पर लेकर नीचे आ गये। उन्होनें सबसे पहले बच्चों के हाथ—मुँह धुलवाये। निर्मल शीतल जल का स्पर्ष पाकर बच्चे खिल उठे। अठखेलियाँ करने लगे। पानी की ठण्डक से सबको राहत मिली। उनकी थकान कुछ कम हुई। वे तरोताज़ा हो गये।

पानी पीकर कैम्पर हैण्डपम्प के नीचे रखा और जल्दी—जल्दी दो—चार हाथ मारे। उनके सामने पुराना दृष्य घूम गया। स्कूल से घर आते—जाते समय जब कभी उनको प्यास लगती तो वे बस हैण्डपम्प को देख भर

सकते थे। उनके साथी मजे से पानी पीते और अठखेलियाँ करते। उनमें से ही कोई उनके पीतल के टिफिन में पानी भर देता तो वे पी लेते थे।

''पापा, कैम्पर भर गया।'' टोनू ने कहा।

वे चौंक कर अतीत से बाहर आये। हाथ रोका।

''बहुत ठण्डा और मीठा पानी है पापा।'' बेटी खुषी ने कहा।

''हाँ बेटा, जमीन में बहुत सारा ठण्डा और मीठा पानी है। वहीं से हेण्डपम्प से ऊपर आता है।'' वे बोले।

हेण्डपम्प चलने की आवाज और उनकी बातचीत सुनकर पास की फूस की झोंपड़ी से आदमी बाहर आया। फटे–पुराने कपड़े, चेहरे पर पसीने की खार जमी हुई। दाढ़ी–मूँछ बढ़ी हुई। उसने हेण्डपम्प के पास एक साहबनुमा व्यक्ति को और पास ही खड़ी गाड़ी में दो बच्चों को बैठे देखा। बड़ी ही अजीब और असभ्य भाषा में उसने पूछा, ''तुम कौन हो और यहाँ क्या कर रहे हो?''

डॉ. बैरवा को उसका इस तरह बोलना बड़ा बुरा लगा। 'हम पानी पीकर केम्पर में कुछ पानी रास्ते के लिये ले रहे है, यह नहीं दिख रहा है इसे!!' षहर में तो इस जैसा अक्खड़ उनके ऑफिस के दरवाज़े तक नहीं आ सकता। खैर, यह जगह अलग है।' यही सोचकर वे बोले,'' आपको क्या लग रहा है ?''

''किनके हो?'' वह पुनः बोला।

डॉ. बैरवा अचकचा गये। यही वह प्रष्न था जो उनसे हजारों बार पूछा जा चुका होगा और जब भी पूछा जाता, उनका मनोबल थोड़ा कमजोर हो जाता। कई बार वे तिलमिला जाते थे यह प्रष्न सुनकर। क्या उनकी योग्यता

कोई महत्त्व नहीं रखती, जो हर कोई उनकी जाति के बारे में जानने को उतावला हुआ जाता है! कब यह सवाल उनका पीछा छोड़ेगा ?'

''क्यों ? इससे क्या मतलब ? मैं बैरवा हूँ।'' उन्होनें कहा।

''क्या ?'' जाने कहाँ–कहाँ से आ जाते हैं? एक ही तो हेण्डपम्प था पीने के पानी का, उसे भी भ्रष्ट कर दिया।'' वह उफनता हुआ बोला।

''क्या हुआ? इतना गुस्सा क्यों हो रहे हो'' अपने गुस्से को दबाते हुए वे बोले।

''क्या हुआ! तुमने हेण्डपम्प से पानी भरकर उसे भ्रष्ट कर दिया।'' वह बोला।

अब डॉ. बैरवा से रहा नहीं गया। 'इस दो कौड़ी के जाहिल, गँवार की यह हिम्मत! अभी मजा चखाता हूँ इसे। यह इतना बोले और मैं सभ्यता का लबादा ओढ़े खड़ा रहूँ! अब सहन नहीं होगा!!'

उन्होंने कैम्पर गाड़ी में रखा। बच्चे गाड़ी में थे ही। पास ही पड़ा एक पत्थर उठाया और पूरी ताकत लगाकर ''ठहर साले, तेरी ऊँची जात मैं निकालता हूँ'' कहते हुए उसकी ओर फेंका। पत्थर सीधा उसके सिर पर लगा।

''आऽऽऽह'' वह चीख मारते हुए सिर पकड़ कर वहीं बैठ गया। पत्थर जोर से लगा था। उसके सिर से खून बह निकला।

डॉ. बैरवा ने उसे उपेक्षा से देखा, गाड़ी स्टार्ट की और सरपट दौड़ा दी। 'खाने को दाने नहीं, पहनने को कपड़े नहीं, कमीना फिर भी जात को रो रहा है।' उनका मुँह वितृष्णा से विकृत हो गया।

''पापा, आपने उसे पत्थर क्यों मारा?'' नीना ने भोलेपन से पूछा।

''कुछ नहीं बेटा, आप अभी बहुत छोटे हो। आप नहीं समझोगे।'' वे बोले।

दोनों बच्चे खेलने में मगन हो गये।

गाड़ी पहले से भी तेज रफ़्तार में थी। कुछ ही देर में लालसोट थाना के परिसर में रुकी। संतरी ने ज्योंही सरकारी एम्बेसडर गाड़ी देखी, वह चौकन्ना हो गया। उसने सैल्यूट ठोका। डॉ. बैरवा बच्चों के साथ गाड़ी से उतरे।

वे सीधे थानेदार के कक्ष में पँहुचे। वह गर्दन झुकाये कुछ लिख रहा था।

''मैं आर. एल. बैरवा, एक एफआईआर लिखवाना चाहता हूँ, रजिस्टर मँगवा दीजिये।'' उन्होने थानेदार से कहा।

गर्दन उठा कर थानेदार ने उनको ऊपर से नीचे तक देखा। थाने में इस प्रकार रौब से बात करने वाला यह कौन ? वह कुछ बोलने ही वाला था कि वे बोले, ''मै डॉ. आर. एल. बैरवा, शासन सचिव, गृह विभाग, आपसे अपनी एफआईआर लिखवाने के लिये रजिस्टर मँगवा रहा हूँ।''

थानेदार चौंका। वह एकदम खड़ा हुआ और ''जयहिन्द सर'' कहते हुए हेड मुहर्रिर को आवाज देकर एफआईआर का रजिस्टर मँगवाया। एक दुबला–पतला आदमी आँखों पर चष्मा लगाए, बगल में रजिस्टर दबाए भागा–भागा सा आया। आते ही उसने ''जयहिन्द सा'ब'' कहा और रजिस्टर खोला। डॉ. बैरवा ने पूरा घटनाक्रम बताया और उसने उसे रिपोर्ट में लिखकर औपचारिक कार्रवाही कर एक प्रति उनको दे दी।

''रामसिंह, कानसिंह, गजेन्द्र, तुरन्त गाड़ी तैयार करो। साहब के साथ चलना है, अभी।'' थानेदार ने हुक्म दिया।

''यस सर। हम तैयार हैं।'' कहते हुए तीनों ने आकर सेल्यूट किया।

आनन–फानन में जाप्ता तैयार हो गया। आगे–आगे डॉ. बैरवा की गाड़ी और पीछे–पीछे जाप्ता। डॉ. बैरवा

सोच रहे थे कि आज मेरे पास पद की ताकत है, इसलिए ये इतनी जी-हुजूरी कर रहे हैं। अन्यथा ये मेरी बात कब सुनने वाले थे ? आसानी से कहाँ एफआईआर दर्ज होती है, गेट से ही भगा देते हैं। आज पढ़ाई-लिखाई करके मैं इस मुकाम तक पँहुचा हूँ तो ये मेरी बात सुन रहे हैं, अन्यथा कौन पूछने वाला था हमें ?

थोड़ी देर बाद गाड़ियाँ उसी हेण्डपम्प के पास रुकी। तब तक गाँव के कई लोग जमा हो चुके थे। घायल आदमी के माथे में सूती कपड़ा जलाकर उसकी राख भरकर पट्टी बाँध दी गई थी। वह नीम के पेड़ के नीचे ग्रामीणों से घिरा बैठा था।

डॉ. बैरवा के साथ थानेदार और जाप्ते को देखकर उसके होष उड़ गये। वह इतनी पँहुच रखता होगा, यह तो उसने सपने में भी नहीं सोचा था।

गाँव के लोगों ने ज्योंही पुलिस देखी, कुछ तो खिसक लिये। थानेदार ने कड़ककर उस व्यक्ति को बुलाया, ''क्या नाम है तेरा ?''

'' बदलू सिंह, साहब।'' वह घिघियाते हुए बोला।

''यह हेण्डपम्प क्या तेरे बाप का है जो साहब को पानी भरने पर उल्टा-सीधा बोला?'' थानेदार कड़का।

''..........''

''बोल! साहब से तूने अच्छा बर्ताव नहीं किया। अब थाने चल, वहीं तेरी सारी हेकड़ी निकलेगी।''

बदलू सिंह की आँखें अब खुली। 'जब थानेदार खुद इनको साहब कह रहा है तो उसकी तो क्या औकात है!! जरूर कोई बड़ा भारी अफसर है।'

''आप निश्चिन्त होकर जायें सर, इसको तो हम देख देंगे।'' थानेदार ने डॉ. बैरवा से कहा।

''ओके'' कह कर उन्होनें कार स्टार्ट कर दी।

रास्ते में वे सोच रहे थे कि आखिर कब इस देष से छुआछूत मिटेगी? यहाँ आज भी जाति के नाम पर व्यक्ति

को सम्मानित और अपमानित किया जाता है, उसकी पढ़ाई—लिखाई, पद, योग्यता सब जाति के आगे गौण है।
''पापा, पापा, देखो दादीजी का घर दिखाई दे रहा है।'' दोनो बच्चे एक साथ बोल पड़े।
''दादीजी का घर आ गया, दादीजी का घर आ गया''दोनो बच्चे खुषी से तालियाँ बजाने लगे।
'' हाँ बेटा। हम घर आ गये।'' गाड़ी से उतरकर वे पसीना पोंछने लगे।

———————————

7. सत्यापन

राजेन्द्र देहात के छोटे से गाँव के रहने वाले हैं। धूल भरी पगडण्डियों और हरे–भरे खेतों में उनका बचपन बीता है। गाँव की गंध आज भी उनके अन्तर्मन में रची–बसी है। इसी शहर में रहते हुए उन्हें दस साल से अधिक हो गये हैं, लेकिन कोई अपनी जड़ों को भूल सकता है भला! वे भी अपने हृदय के एक कोने में गाँव की मधुर स्मृतियाँ सँजोये हैं।

वे बिजली विभाग में अधीक्षण अभियन्ता हैं। गाँव में जब तक पढ़ाई की, तब तक वह सीधे–सादे राजू थे। उसके बाद बड़े शहर के इंजीनियरिंग कॉलेज में जाकर पढ़ाई करने पर धीरे–धीरे पता चला कि मेरे साथ जो व्यवहार होता आया है उसकी वजह क्या रही? जल्दी ही समझ में आने लगा कि हिन्दू समाज में वास्तव में दो वर्ग हैं जो आदिकाल से ही चले आ रहे हैं; कभी प्रत्यक्ष तो कभी परोक्ष–इनके बीच में संघर्ष चलता ही रहा है। ये हैं दलित और तथाकथित सवर्ण। कम संख्या में होने के बावजूद चालाक सवर्ण हमेषा से अपना वर्चस्व कायम करता आया है। दलित वर्ग बहुसंख्यक होने के बावजूद षिक्षा, धन और संगठन में कम होने के कारण सदियों–सदियों से पिसता आया है। आज इस पद पर पँहुचने तक कितना संघर्ष किया, कितनी ज़लालत सही, केवल वे ही जानते हैं। इसीलिये आज उनके दिल में एक नरम कोना दीन–हीन, लाचार, दबे कुचले और गरीबों के लिए अवष्य है। वे भी तो आखिर इनमें से ही एक हैं।

————

एक दिन अपने चेम्बर में बैठे फाईलों में खोये हुए थे, अचानक गेट के बाहर से आती बहस की सुनकर उनकी एकाग्रता भंग हुई। घण्टी का बटन दबाकर चपरासी को बुलाया। बोले,''बाहर क्या हो रहा है?''

चपरासी बद्री शर्मा आया। बोला,''साहब, कोई अनजान–सा देहाती आदमी है, कह रहा है, साहब से कागज सही करवाने हैं। सब फोटोकापियाँ ही हैं, ऑरिजनल तो एक भी नहीं है।''

''भेजो अन्दर'' वे बोले।

''उसके पास ऑरिजनल कागज नहीं हैं।'' वह बोला।

''तुम उसे अन्दर भेजो।''उन्होनें आदेष दिया।

निहायत ही गरीब, थका हुआ, हाथ में मुख्यमंत्री निःषुल्क खाद्य वितरण का थैला थामे एक अधेड़ उनके सामने हाथ जोड़े खड़ा था। उनको देखते ही बोला, ''साहब, मैं बड़ी दूर से आया हूँ। मेरे बेटे के कागज सही (सत्यापित) करवाने थे। जल्दबाजी में असली कागज घर रह गये। दुबारा जाउंगा तो वापस आने में शाम हो जायेगी। मेरे पास जाकर आने का किराया भी नहीं है।''

''बैठो।'' उन्होंने सामने रखी कुर्सी की ओर इषारा किया।

वह झिझका। उन्होनें इषारे से बैठने को कहा। वह बैठ गया। तब तक उन्होंने घण्टी का बटन दबाकर चपरासी को बुलाया और कहा, ''पानी लाओ और चाय–बिस्किट भी लाना।''

चपरासी भौचक्का–सा रह गया! 'कहाँ तो अन्दर आने के लाले पड़े हुए थे, कहाँ कुर्सी पर बैठा खातिर करवा रहा है!'

''लाओ दिखाओ क्या है?'' उन्होने कहा।

आगन्तुक ने थैले से निकाल कर कागजात उनके सामने कर दिए।

दसवीं, बारहवीं की अंकतालिकाओं, जाति और मूलनिवास प्रमाण–पत्रों की फोटाकॉपियां उनके सामने थीं।

बच्चे के अंक देखकर उनके मुहँ से बरबस ही वाह निकल गया। हीरा है हीरा!! ऐसी विकट परिस्थितियों,

गरीबी और स्कूल के अभावों के बीच भी 12 वीं में हर विषय में डिक्टिंषन मार्क्स और कुल 95 प्रतिषत!! और दसवीं में भी 92 प्रतिषत!!

उन्होनें सभी कागज़ों को ध्यान से जमाया और एक–एक करके सत्यापित कर दिया। उन्हें स्वयं को गर्व हो रहा था कि इतने अच्छे अंकों वाले बच्चे के कागज वे सत्यापित कर रहे थे।

इतने में चपरासी चाय–बिस्किट ले आया। चाय पीते समय वे बोले, ''इसकी पढ़ाई मत छुड़वाना। कभी कोई परेषानी हो तो जरूर बताना। चाय लो।''

आगन्तुक तो अभी भी भौचक्का था कि साहब इतने अच्छे भी होंगे। अभी तक तो यही सुना था कि शहरों के लोग ऐसे होते हैं, वैसे होते हैं, लेकिन ये तो पूरे दफ़तर के सबसे बड़े साहब हैं और इतने अच्छे हैं!!'

''ये रख लो, बच्चे के कागजों के लेमीनेषन करवा लेना।'' कहते हुए उन्होंने उसे 500 रुपये का नोट दिया। वह नहीं–नहीं करता ही रहा, लेकिन उन्होने जबर्दस्ती उसकी जेब में नोट रख दिया और कन्धा थपथपाया, मानो निष्चिन्त कर रहे हों।

मन ही मन हजारों दुआएं देते वह खड़ा हुआ और हाथ जोड़कर नमस्ते करके चला गया।

———

आज रविवार है। कड़ाके की ठण्ड पड़ रही है। नौ बज गये हैं लेकिन अभी भी भोर का ही आभास हो रहा है। सूरज ने सुबह से ही हड़ताल जो कर रखी है। वे अपने सरकारी बंगले के लॉन में बैठे कोई पुस्तक पढ़ रहे हैं। ज्यौं–ज्यौं किताब पढ़ते जाते हैं उनके चेहरे के भाव बदलते जाते हैं। अन्दर से बार–बार आती मैडम की आवाज को वे नजरन्दाज़ कर रहे हैं। घर के कितने ही छोटे–मोटे काम बाकी हैं और ये हज़रत हैं कि सुबह–सुबह ही किताब लेकर बैठ गये। वो गुस्से में

भुनभुनाती कुछ कहना ही चाह रही थीं कि गेट से बेल बज उठी। सोचा शायद दफ़्तर का चपरासी इन्होनें काम के लिये बुलवाया हो।

वे गेट की ओर बढ़ीं।

था तो दफ़्तर का चपरासी ही। बद्री शर्मा। वे जानती थीं उसे। निहायत ही चिपकू किस्म का। बातूनी। एक बार बोलना शुरु हो जाये तो रुके ही नहीं।
बोला, ''मैडम, साहब हैं क्या? कुछ कागज सत्यापित करवाने थे। आज छुट्टी थी........''वह कुछ आगे बोलता, उसके पहले ही अँगुली से इषारा करते हुए वे बोलीं, ''वे उधर बैठे किताब पढ़ रहे हैं।''

राजेन्द्र ने सिर उठा कर देखा, बद्री शर्मा कुछ कागज लिये खड़ा है। बोले, ''कैसे आना हुआ बद्री? सब ठीक तो हैं?
''सब ठीक हैं साब। बच्चे के कुछ कागज सत्यापित करवाने थे जो ले आया। उसका भी चपरासी में नम्बर आ गया है। आबकारी विभाग मिला है। कागज परसों तक जमा करवाने हैं, सो आज अटेस्टेड करवाने ले आया।''
''ठीक है, बैठो। अभी कर देते हैं।'' उन्होनें कहा।
पास ही पड़े एक स्टूल पर वह बैठ गया।

बद्री सारे दफ़्तर में पंडित जी के नाम से मषहूर था। सभी उसे इसी नाम से पुकारते थे। इसका उसे बड़ा घमण्ड था। पर साहब ने कभी उसे इस नाम से नहीं बुलाया। सदैव बद्री के नाम से ही बुलाते। इनके आ जाने पर उसे अपनी वास्तविकता का पता चल गया था। दफ़्तर के समय इधर–उधर भागना, पूजा–पाठ कराना, श्राद्ध जीमना, संस्कार कराते फिरना सब बंद हो गये। एक दिन तिलक–छापे लगाये, धोती पहने जब वह दफ़्तर में आया तो साहब का मूड उखड़ा हुआ था। वे उसे घण्टे भर से बुला रहे थे और वह नदारद!! मिलता भी कहाँ से, वह तो श्राद्ध जीमने गया था।

''कहाँ गया था?'' उन्होंने रुखे स्वर में पूछा।
''जी थोड़ा धार्मिक काम आ गया था।'' उसने थूक गटकते हुए कहा।
''ठीक है। धार्मिक काम खत्म, कल से तुम मेरे कमरे के बाहर ही रहोगे। पाराषर को ऊपर षिफ्ट कर देते हैं। कह कर उन्होंने घण्टी बजाई। गेट पर तैनात चपरासी रामवतार पाराषर आया, ''जी सा'ब''
''पारीक जी को बुलाओ।'' वे बोले।
पारीक जी आये, बोले–''जी सर''
''कल से बद्री को मेरे यहाँ और रामवतार को ऊपर क्लेरिकल सेक्षन में भेजने का आदेष टाईप कर दो।'' वे बोले।
''जी सा'ब। पारीक जी बोले।

तब से बद्री उनके चैम्बर के बाहर ही स्टूल पर मिलता है। उसका कार्यालय समय में इधर–उधर जाना, कर्मकाण्ड कराते फिरना, धार्मिक आयोजनों में आना–जाना; सब बन्द हो गया। कुछ दिनों से वह जोड़–तोड़ करके अपने बेटे को आबकारी विभाग में चपरासी पद पर लगाने की कोषिष कर रहा था। उसी के लिये आज कागज़ात सत्यापित करवाने थे।
''अब तुम आ ही गये हो तो अच्छा है। तुम्हारा काम भी हो जायेगा और थोड़ा इधर भी हाथ बँटा देना। ठीक है?''वे बोले।

गरज बावली होती है। मना वो कर नहीं सकता था। काम करना ही था चाहे रोकर करे, चाहे हँसकर। बोला, ''जी सा'ब।''
''ये कागज़ात तो यहाँ रख दो और पास वाली चक्की पर गेहूँ डाल आओ।'' वे बोले।

गेहूँ का पीपा कंधे पर लादे वह सोच रहा था कि आज सुबह–सुबह किसका मुँह देखा है? गरज न होती तो

कोई न कोई बहाना बना कर टाल देता। पर क्या करता, मरमट साहब का नेचर उसे पता है अच्छी तरह से।

गेहूँ का पीपा डाल कर आया तो पोहे और तिल के लड्डू का नाष्ता तैयार था। साहब ने कहा, ''लो नाष्ता कर लो। फिर थोड़े से कपड़ों के प्रेस कर देना। हमारे धोबी का तो कोई रिष्तेदार चल बसा। वह आयेगा पूरे 12 दिन बाद।'' कहते हुए उन्होंने नाष्ते की प्लेट बढ़ाई। चला तो घर से भूखा ही था। एक बार मन में आया कि नाष्ता ले ले, पर झट बहाना बनाया, ''रहने दीजिये साहब! आज मेरा एकादषी का व्रत है।''

''कोई बात नहीं। उधर बरामदे में दरी–चद्दर बिछाकर प्रेस कर लो।'' कह कर वे फिर किताब में खो गये।

बद्री को प्रेस करते–करते लगभग एक घण्टा हो गया। साहब के कपड़े और उनके दोनों बच्चों के कपड़े। ढ़ेर सारे कपड़े देख कर उसकी तो हालत ही पतली हो गई थी, ऊपर से बीच–बीच में साहब की चेतावनी, ''जला मत देना'' उसके जले पर नमक छिड़कती जाती थी।

प्रेस करके उठा तो उसकी कमर बुरी तरह दर्द कर रही थी। बस, अब साहब कागजों को सही कर दे तो उसकी मुक्ति हो।

''हो गई प्रेस?'' साहब ने पूछा।

हाँ साहब! वो कागज......'' वह कुछ बोलना ही चाहता था कि साहब बोले, ''अभी कर देते हैं उनको भी अटेस्टेड! कौनसी बड़ी बात है! जरा मैडम से पूछ ले कोई काम तो नहीं है।''

मायूस–सा वह अन्दर जाना ही चाहता था कि मैडम खुद ही बाहर आ गईं और बोली, ''दो–तीन छोटे–मोटे काम और हैं। फ्रीज साफ करना है, कॉपी–किताबों पर कवर चढ़ाना है, गाड़ी धुलवाना है, पम्मी को नहलाना है और बाथरूम की धुलाई– बस ये और बाकी हैं।''

उसका तो सर ही चकरा गया। ये छोटे-मोटे काम हैं!! तभी साहब बोले, ''अरे-अरे! बस भी करो। बेचारे को काम के बोझ से ही लाद दिया!! ऐसा करो पम्मी को नहला देगा और गाड़ी धो देगा, बाकी काम रहने दो, कवर तो बच्चे खुद ही चढ़ा लेंगे।''

वह क्या कहे! दो काम बढ़ जाने से मायूस हो या दो काम कम होने से खुष! 'करना तो मुझे ही है' सोचकर कपड़ा और बाल्टी लेकर गाड़ी की धुलाई करने लगा। लगभग पौन घण्टे मेहनत के बाद गाड़ी नई-सी हो गई। वह साँस लेने उठा ही था कि मरमट साहब बोले,''यह किताब मैम साहब को दे आओ। अलमारी में रख देंगी।''

किताब हाथ में आने पर उसने देखा, 'मुंषी प्रेमचन्द की दलित जीवन की कहानियाँ' थी। उसने पन्ने पलटे, मंत्र, कफन, ठाकुर का कुँआ, सद्गति आदि कितने ही नाम पन्नों पर छपे मिले। ''लाओ इसे रख दूँ अब पम्मी को नहला दो।'' कहते हुए सफेद झबरीले पामेरियन की डोर उसके हाथ में दे दी।

वह उसे सूंघा-सांघी करने लगा। पहले तो वह डरा 'मुझे अनजान समझकर कहीं काट नहीं ले।' फिर मैम साहब ने उसे डाँटा तो चुपचाप नहाने लगा। कुत्ते को नहलाते समय उसके मन में द्वन्द्व चल रहा था। क्या समय आ गया है!! कहाँ इन कहानियों के हमारी जाति के पात्र और आज वह!! सब कुछ उल्टा हो रहा है। कहाँ इनकी छाया से भी दूर भागते थे, आज इनके घर में चाकरी करनी पड़ रही है!

दोपहर के तीन बजते-बजते वह पूरी तरह से मुक्त हो सका।

काम खत्म होते ही वह साहब के सामने जाकर खड़ा हो गया। साहब रविवार का पन्ना देख रहे थे। उसे एक तरफ रखते हुए बोले,'' ला भई! अब तेरे कागज ला। अन्दर से सील पैड भी लेता आ।''

वह सील–पैड लेने अन्दर की ओर मुड़ा और मुड़े कागज़ों को खोलकर मरमट साहब ने देखा, तो वे बद्री के लड़के की अंकतालिकाएँ और चरित्र प्रमाण पत्र के खाली ख़ाके थे। उन्होने जब गौर से देखा तो उनका माथा ठनका। बड़ी ही सफ़ाई से अंकों को ब्लेड से मिटा कर काले पेन से इस तरह लिखा गया था कि आसानी से तो पकड़ में ही न आयें। ऐसा दो–तीन जगह किया गया था।

उन्होंने आवाज़ लगाई, ''बद्री, इनके ऑरिजनल कागज़ कहाँ हैं?''

बद्री दौड़ा–दौड़ा आया। ''यह देख, कितनी काट–छाँट कर रखी है! बता कैसे सत्यापित कर दूँ इन्हें?''

वह जैसे आसमान से गिरा!! आईना देखते ही मुँह सिल गया उसका। उसने तो सोचा था कि साहब जब बिना जान–पहचान के देहाती आदमी के कागज़ात बिना असली कागज़ात देखे सही कर सकते हैं तो वह तो कई महीनों से उनका चपरासी है और आज तो उसने सुबह से ही जी–तोड़ काम भी किया है।

''षाम तक ला सको तो आज ले आना, नहीं तो कल ऑफिस में सत्यापित करवा लेना, पर ऑरिजनल कागज़ात ले आना, मैं तुरन्त सत्यापित कर दूंगा।'' उन्होंने कागजों का बण्डल देते हुए कहा।

उसे लगा जैसे मुँह में आया कौर गिर पड़ा हो! असली लायेगा कहाँ से और कैसे? सारी गड़बड़ी उनमें ही तो है।

वह बुझे मन से घर रवाना हो गया।

अगले दिन साहब ने उससे पूछा, ''बद्री, कागज़ात लाये क्या? लाओ, सत्यापित कर दूँ।''

''साहब लड़का उनको अलमारी में रखकर गाँव चला गया है और चाबी उसके पास ही है।'

''कोई बात नहीं, जब आये तब करवा लेना।'' वे बोले।

लेकिन चोर की दाढ़ी में तिनका वाली बात थी।

आज भी साहब को कागज़ों का इंतजार है।

———————————

8. शर्त

पूरा महीना आरक्षण सम्बन्धी ख़बरों से भरा रहा। कहीं समता मंच वाले धरना दे रहे थे तो कहीं आरक्षण समर्थक आरक्षण के पक्ष में ज्ञापन। जातिवाद की कड़ुवाहट, जो अब तक न केवल सवर्णों ने, बल्कि अन्य पिछड़ा वर्ग के लोगों ने भी अपने दिलो–दिमाग में चिंगारी की तरह दफन कर रखी थी, रजिस्टरों में आकस्मिक अवकाष के रूप में सामने आ गई थी। इनमें कई तो कार्यालयों के सर्वोच्च अधिकारी तक थे।

रामचन्द्र शर्मा मेरे ऑफिस में चपरासी था। उसे बड़ा अखरता था जब वह मेरे कमरे का झाड़ू लगाता, पानी का जग भरकर लाता, झूठे चाय के बर्तन धोता और कोई छोटा–मोटा काम करता। उसे बस बैठे रहना और अन्य चपरासियों के साथ गप्पें लड़ाना ही अच्छा लगता था। उसने नौकरी पाने के लिये कभी हाथ–पैर नहीं मारे थे। नौकरी तो उसकी झोली में टपकी थी। बाद में हालात सदा उसके पक्ष में ही रहे, अतः उसने कभी नौकरी की परवाह नहीं की।

एक दिन सुरेष भाम्भी मेरे कमरे में आया और बोला, ''सर जी, इस रामू (रामचन्द्र) का क्या करें, यह सरेआम हमको चिढ़ाता रहता है और कहता है कि आरक्षण के कारण तुम नौकरियों में आ गये नही तो जाने कहाँ बेलदारी करते रहते। और भी बहुत बड़बड़ करता रहता है।''

मैंने सुरेष को ऊपर से नीचे तक देखा। यह वही सुरेष है जिसने आज तक भूलकर भी मुझे नमस्ते नहीं किया, हमेषा ही अपनी अकड़ में रहता है, जबकि वह भी एससी

का ही है। और रामू से, जिसके बारे में यह बात कर रहा है 'पण्डित जी महाराज, 'पण्डित जी महाराज' कहते नहीं थकता है।

खैर, 'इस पर कभी बाद में सोचेंगे' यह विचार कर मैंनें उससे कहा, ''क्यों, क्या किया रामू ने? उसे तो तुम 'पण्डित जी महाराज' कहते नहीं थकते।'' मैं उसके मन की थाह लेते हुए बोला।

''मत पूछो सर जी। हम तो आदर से उसे 'पण्डित जी महाराज, 'पण्डित जी महाराज' कहते हैं और वह जाति के नाम पर, आरक्षण के नाम पर हमें जलील करता है।'' वह गुस्से से बोला।

''तुम क्या चाहते हो?''

''कोई ऐसा उपाय बताइये जिससे कभी वह हमें उल्टा सीधा न बोले।''

''ठीक है, उपाय बता देंगे, पर मेरी कुछ बातें माननी पड़ेगी।''

''आप बताइये तो सहीं, मैं आपकी हर बात मानूंगा।'' वह झट बोला।

गरज पड़ने पर आदमी कितना उतावला हो जाता है?

''तुम कभी उसे 'पण्डित जी महाराज, 'पण्डित जी महाराज' नहीं कहोगे, केवल रामू कहोगे। वह ही तुम्हारी तरह चपरासी है, सिर्फ चपरासी, बल्कि तुमसे भी कम पढ़ा–लिखा है। जब तुम खुद उसके भाव बढ़ाओगे तो वह क्यों नहीं जाति का घमण्ड करेगा?'' मैं बोला।

''ठीक है सर जी। पर वह उपाय तो..........

''अब जब भी वह यह बात छेड़े, तुम यह कहना।'' कहकर मैंने उसे उपाय बताया।

इस घटना के अगले ही दिन मैं अपने चैम्बर में बैठे काम कर रहा था, तभी मुझे बाहर से रामू और सुरेष की जोर–जोर से बात करने की आवाज सुनाई दी। मैं ध्यान लगा कर सुनने लगा।

सुरेष कह रहा था,'' ठीक है रामू! तुझे इस बात का दुख है ना कि मुझे आरक्षण से नौकरी मिली है और मेरे बच्चों को छात्रवृत्ति मिलती है तो मैं तेरा यह दुख मिटा देता हूं।''

आसमान से फर्ष पर गिरा रामू! जिस सुरेष ने कभी उसे नाम से नहीं पुकारा था, वही सुरेष आज उसे न केवल उसके नाम से पुकार रह था बल्कि 'आपको' छोड़ 'तुझे' भी बोल रह था! वह कट कर रह गया।

''.............''

''क्या हुआ तुझे ? कुछ तो बोल।'' वह बोला।
''तू कैसे मिटायेगा? यह सब तो सरकार का काम है।''
''तू बोल तो सही। फिर देख क्या करता हूँ मैं?''
''क्या करेगा तू ? क्या आरक्षण छोड़ देगा?''
''यही समझ ले। सुन। मेरे दो बेटे हैं। मैं उनके जाति प्रमाण पत्र नहीं बनवाउंगा। बोल मंजूर है?''
''इससे क्या होगा? मुझे क्या मिल जायेगा?''
''तू अपने दोनों बेटों के जाति प्रमाण पत्र मेघवाल के बनवा ले। मैं तेरी पूरी मदद करुंगा। पर तेरी सारी जाति में यह बताना होगा कि आज से मेरे बेटे मेघवाल कहलायेंगे। इन प्रमाण पत्रों से उन्हें जो भी नौकरी मिलती है, दिलवा ले, हमें कोई दुख नहीं होगा।'' एक ही साँस में सुरेष पूरे आत्मविष्वास से कह गया।

रामू हक्का—बक्का रह गया! मुँह खुला का खुला रह गया। उसे सपने में भी आषा नहीं थी कि उसे इतना कठोर सुनना पड़ेगा। एक क्षण तो वह अवाक् रह गया, पर तुरन्त ही सम्भल कर बोला, ''तेरी हिम्मत कैसे हुई यह सब कहने की? मेरे बेटे मेघवाल क्यों लगायेंगे?''

''जैसे मेरे बेटे लगाते हैं। तभी तो उन्हें आरक्षण का फायदा और नौकरियाँ मिलेंगी। तू उनके नाम के साथ मेघवाल लगा ले, जैसे कई लोग फर्जी जातिप्रमाण पत्र बनवाकर नौकरियाँ कर रहे हैं, वे भी करेंगे। मैं इस काम में तेरी पूरी मदद करूंगा। बोल है मंजूर?''

रामू को साँप सूंघ गया। उसके बोल नहीं फूट रहे थे।

गर्म लोहे पर जैसे लौहार वार करता है वैसे ही सुरेष फिर बोला, ''सुन। तू जिस नाम को अपने बेटों के नाम के साथ लगाने की सुनने मात्र से इतना भड़क रहा है, उसे हमें जिन्दगी भर लगाना पड़ता है और तुम्हारे जैसे लोग हमसे ही नहीं, हमारे नाम तक से दूर भागते हैं। हमें काम—धन्धे तक नहीं देते। मकान किराये पर नहीं देते और कई जगह तो आज भी दूल्हे को घोड़ी पर से उतार देते हैं।''

''कौन काम नहीं देता? तुम करते तो हो तुम्हारे पुष्तैनी काम।''

''क्यों, दूसरे काम—धन्धे करने पर रोक है क्या? लेकिन जब हमारी जात के नाम से ही तुम बिदकते हो तो हम काम कैसे पायेंगे? रही आरक्षण की बात, तो यह हमारा अधिकार है, भीख नहीं। यह पूना पैक्ट के बदले में मिला है जो दो पक्षों के बीच संधि थी। हमें दो वोट का अधिकार छोड़ना पड़ा था। जिस तरह मुस्लिमों को

पाकिस्तान मिला, चाहते तो उस समय बाबा साहब भी अलग देष की माँग कर सकते थे, परन्तु वे सच्चे देषभक्त थे और सोचते थे कि हिन्दू कभी न कभी जरूर आरक्षण की आवष्यकता को समझेंगें, अतः दलितस्थान की माँग नहीं की।''

बाबा साहेब का नाम सुनते ही रामू के मुँह का स्वाद कसैला हो गया, नीम की पत्तियाँ मुँह में ठूंस दी हों जैसे किसी ने। और इसको इतना ज्ञान कहाँ से आ गया आज? और दिन तो पायं लागू के बिना बात नहीं करता था!

सुरेष बोलता जा रहा था, ''दूसरी बात, आज तक कभी हमें उतना आरक्षण मिला ही नहीं, जितना संविधान में दर्ज़ है। मात्र दो–तीन प्रतिषत दिया गया है, बाकी कोटा तो 'योग्य उम्मीद्वार नहीं मिलने के कारण सामान्य से भरा गया' से ही भरा पड़ा है। रही नौकरियों की बात, तो हमारे वर्ग के लोगों को भी वे सब परीक्षायें, टेस्ट और इन्टरव्यू पास करने ही पड़तें हैं जो तुम्हारे लोगों को करने पड़ते हैं। कभी ऐसा सुना है कि एससी एसटी वालों को आठवीं पास को ही बाबू बना दिया और सामान्य वालों को दसवीं पास को बनाया गया हो?

रामू निरूत्तर था।

सुरेष फिर बोला,'दोनों वर्गों के लोगों के लिये सभी षर्तें समान हैं केवल नम्बरों में छूट मिलती है, वह इसलिये कि आज भी तुम्हारी और हमारी सामाजिक, आर्थिक, षैक्षिक और राजनैतिक परिस्थितियों में जमीन–आसमान का अन्तर है। अगर आज ऊँची फीस वाली स्कूलें बंद हो जायें, सभी बच्चों को एक समान षिक्षा, माहौल और

सुविधायें मिले और निष्पक्ष मूल्यांकन हो तो हमारे वर्ग के बच्चे भी तुम्हारी बराबरी कर लेंगे। जहाँ ऐसा है, वहाँ कर भी रहे हैं। पिछले दो तीन साल का आईएएस का रिजल्ट उठा कर देख लो, कौन टॉपर है? टीना डाबी एससी की ही हैं, जिन्होंने इस साल आईएएस की परीक्षा में पूरे देष में पहला स्थान पाया है। बाबा साहेब भी तो हमारे ही समाज के थे जिन्होंने देष का संविधान बनाया था।''

रामू बुत बने सब सुनने पर मजबूर था।

''अच्छा रामू, एक बात बताओ, तुम लोग हजारों साल से मंदिरों पर कब्जा जमाये बैठे हो और भगवानों और मूर्तियों के नाम पर कमा–खा रहे हो, वह क्या आरक्षण नहीं है? तुम्हारे लोग पढ़े–लिखे नहीं भी हो तो तिलक–चोटी रखकर ग्यारस–पूर्णिमा के नाम पर लोगों से माँगते फिरते हैं, वह आरक्षण नहीं है?'

अब रामू बोला, ''हम कौनसा जोर–जबरदस्ती करते हैं? जिसकी इच्छा हो वह दे, न हो वह न दे।'

''लेकिन तुम पाप, अधर्म और अनहोनी का डर दिखाते हो वह क्या है?' सुरेष बोला।

''क्या बिल्ली के सरापे कभी छींका टूटता है? ये सब न हो तो खाली हाथ घर न जाना पड़े?'' असहाय–सा रामू बोला।

''अब तो सब समझ में आ गया कि आरक्षण क्यों है? फिर कभी इस बारे में उल्टा सीधा मत बोलना, नहीं तो फिर सीधे थाने में ही रिपोर्ट दर्ज होगी। समझा।'' सुरेष बोला।

आसपास के अन्य लोगों ने बीच–बचाव कर माहौल गर्म होने से बचाया।

कार्यालय समय समाप्त कर मैं बाहर निकला। मेरे चेहरे पर विजयी मुस्कान थी। आज सुरेष ने वह काम कर दिखाया जो किसी ने नहीं किया था।

————————৪

9. आखिर क्यों ?

कोई मानें या न मानें, यह कटु सत्य है महेष जी कि जिस दिन जमीन में बँटवारे की लकीरें खिंचती है, उसी दिन से भाईयों के दिलों में भी नफरत की दीवारें खड़ी हो जाती हैं। इस दौर में लोगों को जमींदार बनने के बजाय अपने घर–परिवार की षिक्षा–दीक्षा और अच्छे रहन–सहन पर ध्यान देना चाहिये। जो जमीन कभी स्वयं के काम न आये, जिसके चलते एक पीढ़ी के भाई–भाई में बैर हो जाये और आगे उनके बेटे–बेटियों में बैर हो जाये, ऐसी जमीन किस काम की?

मेरे एक मित्र हैं महेष जी। बहुत ही मिलनसार और हँसमुख। देखते ही मन प्रसन्न हो जाता है। पर आजकल कुछ दिनों से वे खोये–खोये से रहते हैं, दफ़तर में भी मन नहीं लगा पाते हैं।

एक दिन उनका स्कूटर सामने से आ रही मोटर साईकिल से भिड़ गया। वो तो गनीमत थी कि सामने वाला सावधान था, सो बड़ा हादसा नहीं हुआ। टकराते ही उसने अपनी गाड़ी एक तरफ खड़ी करके महेष जी को उठाया और कुषल क्षेम पूछी। 'कोई खास नहीं लगी है' यह आष्वस्त होते ही वह बोला, ''भाई साहब, गाड़ी चलाते समय कहाँ खो गये थे जो सामने से आती मोटर साईकिल भी नहीं दिखी?''
''माफ करना भाई, कोई खास नहीं, ऐसे ही ध्यान नहीं रहा।'' कहकर इनको पीछा छुड़ाना पड़ा।

एक दिन लंच का समय था। कैंटीन में बैठे सब कोई चाय–नाष्ते के साथ गप्पें लड़ा रहे थे। मैं आया ही था। आमतौर पर मैं कैंटीन में कम ही जाता हूँ और कमरे में

बैठने के बजाय बाहर नीम के पेड़ की छाया में लगी पत्थर की बैंचों पर बैठना पसंद करता हूँ। मैंने चाय–बिस्किट का आर्डर दिया ही था कि सामने से महेष जी आते दिखे।

''आओ महेष जी, कहाँ रहते हो, यार। आजकल दिखते ही नहीं, कभी हमारे साथ भी चाय पी लिया करो।'' मैंने प्रत्यक्ष में कहा। मैं सोच रह था कि आज इनसे पूछा जाये कि आखिर क्यों ऐसे गुमसुम से रहते हैं?

''कहाँ यार, रोज ऑफिस में आता तो हूँ। अभी सुबह ही हाथ भी मिलाया था।'' वे तपाक से बोले।

''अरे महेष जी, मैं उसके लिये नहीं कह रहा। आप रोज ऑफिस आते हैं, यह किससे छिपा हुआ है? लेकिन वो पहले जैसी ज़िन्दादिली, हँसी के फव्वारे, शोखियाँ, सब कहाँ हवा हो गयी? सच यार, तरस गये तुम्हारी हँसी सुनने को। भाभीजी से कोई खटपट तो नहीं हो गयी है?''

वे एकाएक गम्भीर हो गये। बोले, ''क्या बतांऊ बैरवा जी, समझ नहीं पा रहा कि क्या करूँ? एक तरफ माँ–बाप हैं तो दूसरी तरफ बीवी–बच्चे, घर परिवार है।''

''भई ऐसा है तो दर्द को ढ़ोना नहीं चाहिये। कोई दुःख–तकलीफ़ हो तो बाँट लेने से हल्का हो जाता है। अगर कोई राज की बात न हो और मुझ पर विष्वास कर सको तो अवष्य बताओ।''

''राज की बात नहीं है, और आप पर विष्वास न होने का तो सवाल ही नहीं उठता है।''

''यहाँ रख दो और पाव भर नमकीन भी ले आओ।'' मैंने चाय लेकर आये कैंटीन वाले लड़के से कहा।

''फिर क्या बात है जो आजकल इतने उदास और बुझे–बुझे से रहते हो?'' मैं महेष जी से मुखातिब होते बोला।

''बात यह है कि हमारे गाँव में पुष्तैनी जमीन है। पिताजी, चाचाजी व ताऊजी आदि को गाँव छोड़े करीब 40–45 साल हो गये। मैंने तो कभी वह जमीन तक नहीं देखी। हम सभी शहर में ही पैदा हुए हैं और यहीं पले–बढ़े हैं। वह जमीन पिताजी, चाचाजी, ताऊजी के शामिल की है। अब चाचाजी व ताऊजी उसे बेचना चाह रहे हैं और पिताजी खरीद रहे हैं। बैंक से लोन लेने के लिये मुझे पार्टी बनाना चाह रहे हैं। अब मेरे सामने समस्या यह है कि मैं मना करता हूँ तो उनको बुरा लगता है और हाँ करता हूँ तो लोन की जिम्मेदारी मेरी होती है, जबकि मुझ पर मकान का लोन, सीपीएफ लोन और परिवार की सारी जिम्मेदारी है। कहते हैं कि प्लॉट काट कर बेच दूँगा तो पैसे यूँ ही वसूल हो जायेंगे। मुझे उनकी बात से एतबार है, पर उनके पास कोई प्लानिंग और उसे लागू होने पर शक है। गाँव की और शहर की जमीन में पैदावार होती है, परन्तु दस–बारह साल से आमदनी का कोई पता नहीं है। यदि इन दोनों से इतनी बचत हो जाती कि आधी किस्त भी चुका पाती तो मुझे पार्टी बनने में कोई एतराज नहीं था।'' वे बोले।
''कुल कितनी जमीन होगी ?'' मैं बोला।
''अन्दाजन 15–16 बीघा।'' वे बोले।
''और लोन कितना ले रहे हैं?''
''करीब 15 लाख रुपये।''

''तो लगभग ढाई लाख रुपये सालाना किस्त मानकर चलो।''

''हाँ, इतनी तो हो ही जायेगी।''

''फसलों से कुछ बचता है?''

''क्या पता ? पर मुझे लगता है कि कुछ नहीं, अगर बचता, तो पता तो लगता कि यह बचत है।''

''पर एक बात बताओ। अंकलजी तो इतने सुलझे हुए विचारों के और विद्वान व्यक्ति हैं, वे यह सब कैसे कर रहे हैं ?''

''यही तो बात है। उनको कोई आसानी से समझा भी तो नहीं सकता। सभी कोई उनको विद्वान मानते हैं। वे विद्वान हैं, इसमें कोई शक नहीं। पर मैं जानता हूँ कि जमीन की पैदावार से इतनी बचत नहीं होती कि वे किस्तें चुका सकें। अन्यथा बचत होती तो पता तो चलता कि यह बचत है। दूसरे, प्लॉट काट कर बेचने वाली बात इसलिये गले नहीं उतरती कि इस मामले में उनका अनुभव कुछ नहीं है, जबकि दलाल कैसे–कैसे घाघ और धूर्त होते हैं, यह हम अच्छी तरह जानते हैं।''

''हाँ, यह तो है। कहाँ आजकल के चालू किस्म के दलाल और कहाँ धार्मिक किस्म के अंकल जी?''

''वे चाहते हैं कि मैं पार्टी बनकर लोन लूँ तो वे हर छह माह में लोन की किस्त चुका देंगे।''

''मैं इस बारे में क्या कह सकता हूँ, पर जो भी फैसला लो, सोच समझ कर लेना।''

''यही तो समझ में नहीं आ रह कि क्या करुँ? उन्होनें पढ़ाया–लिखाया, इस काबिल बनाया, पर आज मुझसे जो

चाह रहे हैं, वह मेरे गले नहीं उतर रहा। अन्यथा मैं इतना सोच–विचार ही नहीं करता।''

''यही तो मैं भी सोच रहा हूँ। अंकल जी हमेषा अपने प्रवचनों से मुझे प्रभावित करते रहे हैं। गये साल की ही बात है जब वे यहाँ आये थे तब मैंने उनके प्रवचन सुने थे। कितने सुन्दर ढंग से उन्होनें त्याग और मानव जीवन की आवष्यकताओं के बीच सामंजस्य बैठाया थाः–

<blockquote>
साँई इतना दीजिये, जामें कुटुम्ब समाय मैं भी भूखा ना रहूँ साधु न भूखा जाय।
</blockquote>

मैं तो विस्मित रह गया था यह सुन कर। फिर आगे भजन द्वारा भी उन्होने समझाया थाः–

<blockquote>
आया है सो जायेगा, क्या राजा क्या रंक? बाकी बस रह जायेगा, यष या कलंक।
</blockquote>

सत्संगों में वे क्या उदाहरण दे–दे कर समझाते थेः–

<blockquote>
पूत कपूत तो क्यों धन संचे?
पूत सपूत तो क्यों धन संचे?
</blockquote>

धन की गति के बारे में वे ही तो कहते रहे हैं कि धन को काम में ले लो, या दान दे दो, अन्यथा या तो चोर ले जायेंगे या चोरों का डर बना ही रहेगा।

इतने सुलझे हुए इंसान द्वारा यह सब किया जाये, बड़ा ही आष्चर्यजनक है।''

''क्या बताऊं, इतना सब होते हुए भी व्यवहार ऐसा है कि आज हमारे चाचा ताऊ के परिवारों तक में आना–जाना केवल औपचारिकता भर रह गया है। आपसी लगाव लेषमात्र भी नहीं है। उनको रिटायर हुए 12–13 साल हो गये, परन्तु इतने बार तो वे मुझसे मिलने तक नहीं आये, जबकि मुझसे आषा रखते हैं कि मैं हर बार छोटे से छोटे काम में जाऊँ। बच्चे–बच्चियाँ उनकी शक्ल तक देखने को तरस जाते हैं। बच्चों को संस्कार बुजुर्गों से मिलते हैं। जब वे ही नहीं आयेंगे, तो हमसे जैसा पालन–पोषण होगा, वही तो करेंगे। वे दुनिया–जहान में घूम आते हैं, परन्तु कभी अपने पोते–पोतियों से मिलने नहीं आते हैं। इतनी जमीन होते हुए भी उचित प्रबन्धन न होने के कारण घर–परिवार में खींचतान मची रहती है। फालतू की रिष्तेदारियाँ इतनी पाल रखी है कि निभाना भारी पड़ जाता है। फिर इनमें न जाओ तो नाराज़ होते हैं। आज मैं और बड़े भैया अच्छी तरह सेट हैं, तो जमीन का उपभोग वे ही तो कर रहे हैं। हम दोनो भाई कभी कुछ हिस्सा बंटाने नहीं जाते, फिर इससे क्या इतनी भी पैदावार नहीं होती कि इनका गुजारा हो सके ? फिर इनकी पेंषन भी है। इसके अलावा जरूरत पड़ने पर कभी–कभार मैं भी भेजता ही हूँ, फिर जब अभी यह हालत है तो लोन लेने पर किस्तें कैसे चुकेंगी, यही समझ में नहीं आ रहा।'

'हाँ, बात तो सोचने की है। पर यह सब करने के पीछे कोई तो कारण होगा?'

'क्या पता ? क्या करना चाहते हैं, कभी स्पष्ट नहीं बताते। मैंने कई बार कहा है कि इतना सब कुछ करने की कोई वजह तो बताओ, पर कोई वजह नहीं। बस, जमीन खरीदनी है, उसके प्लॉट काट कर बेचूँगा, तो खूब पैसा मिल जायेगा, जिससे लोन चुक जायेगा। मैंने इतना तक कहा कि गाँवों की बदहाल जिन्दगी से निकल कर आये, सारा जीवन शहरों में नौकरी की, नातेदार रिष्तेदारों को भी सही रास्ता दिखाया, बच्चों को पढ़ा–लिखा कर काबिल बनाया, फिर ये सब किस लिये ? आज हमारे सभी भाईयों के बीच मात्र राजू ही तो है। वह भी एमबीबीएस कर रहा है। बाकी सब बच्चियाँ पढ़ ही रहीं हैं। समय के साथ सब सेट हो जायेंगे। फिर यह सब क्यों?' महेष जी ने आषा भरी नजर से मुझसे पूछा, मानों मेरे पास इसका समाधान हो।

 कैंटीन वाले को चाय–नाष्ते के पैसे देकर ऑफिस लौटते हुए मैंने कहा,' महेष जी, इस क्यों का सही जवाब तो अंकल जी ही दे सकते हैं, परन्तु मैं कुछ ऐसा बता सकता हूँ कि तुम्हारा तनाव थोड़ा कम हो सकता है।'
'क्या?' उन्होने प्रष्नवाचक निगाहें मेरी तरफ की।
''कोई मानें या न माने, यह कटु सत्य है महेष जी कि जिस दिन जमीन में बँटवारे की लकीरें खिंचती है, उसी दिन से भाईयों के दिलों में भी नफरत की दीवारें खड़ी हो जाती हैं। इस दौर में लोगों को जमींदार बनने के बजाय अपने घर परिवार की षिक्षा–दीक्षा और अच्छे रहन–सहन पर ध्यान देना चाहिये। जो जमीन कभी स्वयं के काम न आये, जिसके चलते एक पीढ़ी के भाई–भाई में बैर हो जाये और आगे उनके बेटे–बेटियों में बैर हो जाये, ऐसी

जमीन किस काम की ? बैंक में पार्टी बनों या न बनो, यह पूरी तरह तुम्हारा निजी मामला है, इसका फैसला सभी पहलुओं को ध्यान में रखकर तुमको ही लेना है। पर मैं इतना जरूर कहूंगा कि सेलेरी में से कुछ राषि बचा कर उनको नियमित रूप से भेजना षुरू कर दो और जब भी वक्त मिले, उनसे मिल आया करो, भले ही वहाँ का माहौल कैसा भी हो। माहौल के बारे में आपको कुछ नहीं कहना है, बस अपनी उपस्थिति दर्ज करानी है। शायद कुछ हद तक इससे आपकी समस्या का समाधान हो जाये। और घर के मामलों में जितना कम हो सके, उतना दखल दो, क्योंकि अपनी सलाह जब कोई मानता नहीं है तो व्यर्थ में 'रायचन्दजी' बनने का कोई फायदा नहीं।'

वाक्य पूरा होते–होते हम दोनों ही मुस्कुरा उठे। दरअसल, हमारे ऑफिस का एक क्लर्क अपने आपको बहुत होषियार समझता था। किसी जमाने में उसने आरएएस की तैयारी की थी। उसको यह गुमान था कि उसके पास हर समस्या का समाधान है, अतः वह गाहे–बेगाहे लोगों को बिन मांगे मुफ़्त में अपनी सलाह देता रहता था। वह तो समझता था कि अपनी बुद्धि से उसने कैसी विकट समस्या सुलझाकर सहकर्मी का कितना बोझ हल्का कर दिया, जबकि लोग पीठ पीछे उसकी हँसी उड़ाते और 'रायचन्दजी' कहते।

यह सुनकर महेष जी के चेहरे पर कुछ निश्चिंतता आई।

पर मैं सोच रहा था कि क्या हमारी नियति यही है? हमारे, खास तौर पर दलित समाजों में माता–पिता बहुत कठोर परिश्रम से बच्चों को पाल–पोस कर बड़ा करते हैं, अपना पेट–काट कर उनको पढ़ाते–लिखाते हैं, पर उनकी

अच्छी नौकरी लग जाने और अच्छे परिवार में शादी हो जाने पर उनसे ऐसा व्यवहार करते हैं, जैसे वे उनके दुश्मन या विरोधी हों। बेकार के सामाजिक–धार्मिक संगठनों में (जो कि समय आने पर एक कदम भी इनका साथ नहीं देते) अपना समय, श्रम और धन नष्ट करते रहेंगे, पर अपने बेटे–बेटियों के पास जाने का समय इनके पास नहीं होता है। उनके पास रहने या उनकी कोई अच्छी बात मानने में स्वयं को अपमानित समझते हैं। ऐसे कई उदाहरण मेरी नजर में हैं। आखिर क्यों?

महेष जी अपनी सीट पर चले गये है और मैं ?

मैं अपनी सीट पर बैठा इस 'क्यों' का जवाब ढूंढ रहा हूँ।

———

10. विकास या विनाष ?

''खच्च'' की आवाज के साथ एक कबूतर परीक्षा कक्ष के फर्ष पर गिरकर छटपटाने लगा। चारों तरफ खून के छींटे छितर गये। मेरा ध्यान अचानक उधर गया। आसपास के परीक्षार्थी भी उधर देखने लगे। मैनें झट चपरासी को आवाज लगाई। वह कहीं इधर–उधर चला गया था। एक परीक्षार्थी खुद ही उठा और पास ही पड़े गत्ते के टुकड़े पर कबूतर को रख बाहर ले गया और एक कोने में रखकर आ गया।

मैंने अब गौर से परिस्थिति को समझा। एक बार बैठे हुए सभी परीक्षार्थियों को देखा। सब अपना–अपना कार्य करने में व्यस्त थे। मैं धीरे–उस कोने की तरफ बढ़ा जहाँ कबूतर जमीन पर पड़ा हुआ था। आसपास खून बिखरा पड़ा था और वह धीरे–धीरे साँसें ले रहा था। मैं पास ही लगे नल से पानी लाया और उसके ऊपर डाला। कुछ उसकी चोंच में टपकाया। वह हल्का–सा फड़फड़ाया और फिर गतिहीन हो दुबक गया।

मैं वापस कमरे में आ गया। परीक्षार्थी अपना काम करने में व्यस्त थे। मैं सोचने लगा,'मनुष्य ने अपनी सुविधा के लिये हजारों अविष्कार कर लिये है। उनमें से कई अविष्कार खुद के लिये लाभदायक है तो दूसरों के लिये जानलेवा। कुछ अन्य अविष्कार तो दोनों के लिये ही भारी नुकसानदायक हैं। मनुष्य बुद्धिमान है तभी बाकायदा नगर बसाकर फ्लेट में रहता हैं, धन दौलत समेटने में लगा रहता है, अपनी सुख–सुविधा के लिये किसी की जान ले

लेना इसके लिये मामूली बात है। ये मासूम रोज इसी तरह मरते रहते हैं, मनुष्य के क्या फर्क पड़ता है?'

दरअसल कक्षा में एग्जास्ट फेन के स्थान पर फेन तो लगा नहीं था, सो कबूतर के एक जोड़े ने वहाँ घोंसला बना लिया। इधर कक्षा चलती रहती, उधर वे गुटरगूँ करते रहते। उनसे किसी को क्या आपत्ति हो सकती थी ? हाँ, कामचोर किस्म के चपरासी का काम जरूर बढ़ जाता था। उसे साफ-सफाई ज्यादा करनी पड़ती थी। पर वैसे किसी को कोई नुकसान नहीं था। आज पंखे की चपेट में आने से एक का पंख क्षतिग्रस्त हो गया था।

अचानक एक घण्टा बजा। मैं सावधान हो गया। परीक्षा खत्म हाने में मात्र 5 मिनिट बाकी थे। मैंने सम्बन्धित कागजात एकत्र किये और कॉपिया लेने के लिये सतर्क हो गया। एक-एक विद्यार्थी से सावधानी पूर्वक कॉपी ली, उनको गिनकर जमा करवाई और कुछ ही देर बाद मैं वापस उसी कोने के पास आ गया जहाँ कबूतर दुबका बैठा था।

उसकी हालत पहले से बेहतर थी। वह अब थोड़ा-थोड़ा चल रहा था। मैं झुक कर उसे देखने लगा तो वह कोने में और दुबक गया। मैंने धीरे-धीरे उस पर हाथ फिराया, मानो उसे आश्वस्त कर रहा होऊ कि चिन्ता मत करो, मैं हूँ ना। फिर मैंने उसको पानी पिलाया। उसे उठा कर देखा। उसका एक पंख हल्का सा कट गया था। मैंने लेब से लाकर उसके घाव पर हल्की सी स्प्रिट लगाई और एक बारीक सी डण्डी को धागे से उसके कटे पंखों के साथ बाँध दिया। चपरासी को पास की दुकान पर भेज चावल की कणी मंगवाई। कबूतर ने कुछ खाई,

कुछ छोड़ दी। शेष दिन इसी चिन्ता में बीता कि वह कैसा होगा ?

वास्तव में देखा जाये तो मानव बहुत अधिक स्वार्थी हो गया है। स्वयं में अत्यधिक रमा होने के कारण उसने अपने आसपास के बारे में सोचना ही बंद कर दिया है। जमीनें हडपी, जंगल हड़पे, पहाड़ भी। और क्या कोई ऐसा प्राकृतिक संसाधन बचा है, जो सभी प्राणियों द्वारा समान रूप से काम लेने हेतु बना हो और उस पर मानव ने, जिसे वह स्वयं भगवान की सर्वश्रेष्ठ कृति कह कर अपने मुँह मियाँ मिट्ठू बनने की कहावत को चरितार्थ करता है, अपना नाजायज हक न जमाया हो? काष कि मनुष्य के अलावा भी कोई और प्राणी बुद्धिमान, विवेकषील और ताकतवर होता और इसके हर गलत कदम का प्रभावी ढंग से विरोध करता! प्रकृति से सारे खनिज पदार्थ, फल, धान, अनाज, ऑक्सीजन और अनेक अन्य कीमती पदार्थ लेने के बाद मनुष्य ने क्या दिया है ? फैक्ट्रियाँ दिन–रात गन्दा पानी, धुआँ और जहरीले पदार्थ उगलती रहती हैं, गाड़ियाँ धुआँ उगलती हैं, मनुष्य के साथ धरती पर जन्म लेने वाले अन्य जीव–जन्तु अगर वातावरण के जहर को सह पाते हैं तो ठीक, अन्यथा मर जाते हैं। इनकी कौनसी अदालत लगी हुई है जिसमें प्रदूषण फैलाने और जीव–जन्तुओं का जीवन खतरे में डालने तथा जान से मारने के आरोप में मनुष्य को को सजा–ए–मौत सुनाई जाती है ? इनकी कौन सी नगर पालिका, नगर विकास न्यास या हाउसिंग बोर्ड बने हुए हैं, जहाँ ये आपकी–हमारी तरह रहते हों? ये बेचारे भूल से भी हमारे घरों में घुस आयें तो हम डण्डा लेकर भगाते हैं

या मार ही देते हैं, क्योंकि हम मनुष्य हैं। आखिर ये जायें तो कहाँ जायें?

कई बार ये अनजाने में मर जाते हैं तो कई बार हम जान–बूझकर भी इनको खत्म करने में लगे रहते हैं। हम तोते को पिंजरें में पालना पसंद करते हैं परन्तु उड़ता हुआ कोई तोता हमारे घर में रोज आकर अपना घोंसला बनाना चाहे तो हम उसे भगा देते हैं। कितने दुख की बात है कि गायों का दूध निकाल लेने के बाद गौपालक उनको सड़को पर भटकने के लिये छोड़ देते हैं और वे दुर्घटनाग्रस्त हो जाती है या कर देती है। कचरे में मुंह मारती रहती हैं और उसी गन्दगी का दूध हम पीते हैं।......

....

इसी प्रकार के अनेकानेक विचार रात को सोते समय तक मेरे दिमाग में उथल–पुथल मचाये हुए थे। मुझे कबूतर की रह–रह कर याद आ रही थी जो नादान था और मनुष्य की जरुरत के एक साधन का षिकार हो गया था।

अगले दिन कॉलेज पहुँचते ही मैं सबसे पहले कबूतर के पास गया। पर वह वहाँ नही था। मैनें इधर–उधर देखा। कुछ पंख बिखरते हुए एग्जास्ट फेन के स्थान की तरफ जा रहे थे। मैनें ऊपर देखा। कबूतर–कबूतरी का जोड़ा वहाँ बैठा आपस मैं चोंच लड़ा रहा था। मेरी जान में जान आई।

मैंनें मन ही मन उनकी सलामती की प्रार्थना की और वापस लौट आया।

———————

11. आखिर मंज़िल मिल ही गई

लॉकडाउन को लगे आज सत्ताईस दिन हो गये है। राम आसरे को पूरे परिवार की चिन्ता खाये जा रही है, क्या करे, क्या न करे?
भूख सहन करने की भी एक सीमा होती है, उसके बाद आदमी को कुछ नहीं सूझता है।

रोज ही उसके साथी उससे कह रहे हैं, ''रामआसरे, अब हियां कुछ नहीं रखा है, अभी चल चलो तो जैसे–तैसे घर तो पँहुच जायेंगे। अपना घर, अपना घर ही होता है। अपनों के बीच रहेंगे, तो कौनू संकट नहीं आ सकत।''

वह तो खुद ही इसी ताक में था। राधे ठीक ही तो कह रहा है, ''इन सत्ताईस दिनों में सारा रासन–पानी चुक गया है, जमा–पूँजी खत्म हो गई, अब भूखे मरने की नौबत आ गई। कभी–कभार रासन–पानी आ जाता तो ठीक, नहीं तो भूखे रहो। खुद की भूख सहन हो जाये, छोटे–छोटे बच्चों की भूख कैसे सहन हो ?''

––––––––––––

बरसों बीत गये थे उसे जयपुर आये। गाँव के आसपास के आठ–दस साथियों के साथ वह रोजगार की तलाष में यहाँ आया था। कहाँ बनारस का एक छोटा सा गाँव धोरहरा और कहाँ जयपुर ? पर पेट की आग सब दूरियों को मिटा देती है। जहाँ आदमी का दाना–पानी जम जाये, वहीं रहना पड़ता है।

सो जब सब साथियों के जम गई, एक दिन वे जयपुर आ गये। करीब अठारह घण्टे लगे ट्रेन में। इन सबका कोई न कोई रिष्तेदार जयपुर में पहले ही था,

इसलिये जमने में ज्यादा परेषानी नहीं हुई। वैसे भी मेहनत-मजदूरी के धन्धे में सिफ़ारिष के बजाय काम देखा जाता है। कामचोरों का यहाँ गुजारा नहीं होता। मेहनती वे पहले से ही थे, अतः गाड़ी चल निकली। हाड़-तोड़ मेहनत के बाद वे जहाँ काम करते, उन्हीं अध-बने मकानों के दालानों में सो जाते। सर्दियों में अस्थाई रूप से बनाई कोठरियों में सोते। सुबह जल्दी उठना, जंगल जाना, साथ में एक ही जगह खाना बनाना या फिर तरी की सब्जी के साथ चावल उबालना और खाकर वहीं काम करना, शाम को भी खा-पीकर वहीं सो जाना। कुछ अधिक लम्बी-चौड़ी दिनचर्या नहीं होती थी उनकी।

इसी तरह बरसों बीत गये।

———————

महीने डेढ महीने पहले कुछ कोरोना-कोरोना की सुगबुगाहट शुरु हुई। बातें सब कोई करते थे, पर अधिक कोई नहीं जानता था। जो सार था, वह यही था कि चीन के प्रांत वुहान से कोई भायरस (वायरस) की बीमारी आई है, जिसकी जल्दी से पहचान भी नहीं हो पा रही है। छूत की बीमारी है, जो मरीज के छूने या मरीज द्वारा किसी को छूने से फैलती है। अतः जिसको यह बीमारी हो जाये, उसे सबसे अलग रखा जाता है। इसमें मुँह पर ढाटा (मास्क) लगा कर रखा जाता है और किसी को भी छूते नहीं हैं। खाँसते या छींकते समय मुँह पर रुमाल रखा जाता है।

एक दिन जहाँ वह मकान बना रहा था, वहाँ मास्क बांटे गये। शुरु में तो सबको अजीब-सा लगा, पर जब देखा कि चारों तरफ लोग मास्क लगाये घूम रहे हैं और

टीवी मोबाईल सब पर मास्क लगाने को कहा जा रहा है और नहीं लगाने पर जुर्माना लगाने के लिये भी बोला जा रहा है तो न केवल उसने लगाया, बल्कि राधा और अपने बेटे–बेटी को भी दिया।

पर यह क्या!! दो–तीन दिन भी नहीं बीते थे कि धड़ाधड़ दुकानें, बाजार, मोटर–गाड़ियाँ, सब बंद!! लॉकडाउन लगा दिया गया था और सब अपने–अपने घरों में रहने को विवष हो गये थे। जहाँ 10–10 मिनट रोड़ पार करने में लगते थे, वहाँ अब दूर–दूर तक कोई नजर नहीं आता था। केवल पुलिस ही दीखती थी। बाँस लगा–लगाकर रास्ते बंद कर दिये गये और आदमी घरों में बंद होकर रह गये।

धीरे–धीरे उसके मन में अज्ञात भय ने डेरा जमा लिया। भविष्य के भय ने। आगे क्या होगा? कोरोना का लॉकडाउन खुलने का नाम नहीं ले रहा था। रोज कोरोना के मरीज मिल रहे थे, पुलिस और एम्बूलेंस आती और घरों को सीज कर मरीज को ले जाती। ज्यादातर ठीक हो जाते, बाकी एक–दो मर भी जाते। वह चुपके–चुपके इधर–उधर से खबरें लाता। सारी दुनिया भर में चाइना से यह बीमारी फैली और सारे राज्यों में भी फैल गई। यहाँ ज्यादातर मामले रामगंज इलाके से सामने आ रहे थे। वहीं के कुछ मुसलमान लोग दिल्ली के किसी मरकज प्रोग्राम में गये थे और वे ही सब मरीज हो रहे थे।

कोई काम–धन्धा नहीं, सब घर में बंद। उनका घर क्या था, मजदूरों के लिये अस्थाई रूप से बनवाई गई कोठरियाँ थीं। जहाँ मकान बनाते, वहीं पड़ी खाली जमीन पर टीन के चद्दर डाल कर ये बनाई जाती और जिनमें

केवल ओढ़ने–पहनने के कपड़े और खाने–पीने के बर्तन होते। ईंटों का ही बनाया चूल्हा होता। सभी मजदूरों की ऐसी ही कोठरियाँ होतीं। इनमें ही ज़िन्दगी का अधिकांष भाग गुजार कर वे दूसरों के लिये सपनों के महल बनाते, एक दिन जब महल बन जाता तो मकान–मालिक मुहूर्त करवा कर रहने लग जाता। मुहूर्त पर कोई तो मजदूरों को बुलाता, कोई नहीं। फिर वे कोठरियाँ, जिनमें वे साल–छह महीनें रहते, तोड़ दी जाती, जमीन साफ कर दी जाती और वे फिर किसी दूसरे का सपनों का महल बनाने निकल जाते। यही उनकी नियति हो चुकी थी। उनके खुद के घर के सपने अक्सर सपने ही रहते।

अब धीरे–धीरे राषन–पानी और जमा–पूँजी भी खत्म होने लगी थी। शुरु–षुरु में सरकार की ओर से 40 किलो गेहूँ और 1 किलो दाल आदि दी गई थी, उसी से काम चल रहा था। बच्चे पूछते, ''पापा, आज फिल दाल! कल छाम तो तो थाई थी।''

वह क्या जवाब दे? मन–मसोस कर रह जाता। सभी की यही हालत थी। गाँठ में पैसा और सामान मिलने की सुविधा हो तो कुछ भी बना ले और खा लें, पर यहाँ दोनों का ही अभाव था। गली में इधर–उधर निकलते तो पुलिस वाले हड़काते, कितनों की तो पिटाई भी हो चुकी थी।

आखिर आज उसने और उसके टोले ने तय कर ही लिया कि अब यहाँ नहीं रुकना है। लॉकडाउन कब खुले, कोई पता नहीं, काम–धन्धा कब लगे, कोई पता नहीं, उस पर सरकारी सहायता भी कभी तो मिलती है, कभी नहीं। अपनी भूख भी कब तक सहन करें और फिर बच्चे–उनको कब तक भूखा रखें ? अपने घर अपने गाँव जायेंगे तो

अपनों के बीच रुखा—सूखा कुछ तो मिलेगा। हारी—बीमारी में भी वे ही काम आयेगें।

यही सब सोच—विचार कर उन्होंने अपने—अपने गाँव जाने का निष्चय कर लिया। साधन—दोनों पैर। सामान—तन पर पहने कपड़े और एक—दो जोड़ी अलग से। रास्ते में खाने—पीने का कुछ सामान और बीवी और बाल—बच्चे। सफर में जितना कम सामान हो, उतना ही अच्छा। फिर यह तो सैंकड़ों किलोमीटर का पैदल सफर है।

यह पन्द्रह लोगों का टोला चल पड़ा। छोटे बच्चे कन्धों पर और सामान हाथों में या सिर पर। कोठरियाँ सूनी हो चुकी थीं। कुछ दिनों बाद इन्हें वैसे भी टूटना था।

चलते—चलते शहर खत्म होने लगा था। अभी गर्मी उतनी तेज नहीं पड़ने लगी थी। फिर वे पेड़ों की छाया में चल रहे थे। रास्ते का इतना पता नहीं था, सो लोगों से पूछ लेते। उनके आगे—पीछे उनके ही जैसे रैले के रैले मजदूर उनका हौसला बढ़ाते। चलते—चलते कई मकान उनके जाने—पहचाने दिखे। ये उनके ही बनाये मकान थे जिनके दरवाजे उनके लिये आज इस संकट की घड़ी में बंद थे। लेकिन सभी के हौंसले मजबूत थे। सच ही है—मंजिलें साधनों से नहीं, हौसलों से पाई जाती हैं, हौंसले न हो तो छोटे—छोटे काम भी पहाड़ जैसे भारी हो जाते हैं और हौसले हो तो पहाड़ भी झुक जाते हैं। राम आसरे को दषरथ माँझी की याद हो आई। कैसे उन्होंने अकेले ही पहाड़ को काट कर मीलों का सफर कम कर दिया था?

अकेले तो कोई भी इस काम को कर पाने का साहस नहीं कर पाता, पर जब साथ में पूरा परिवार और टोला हो और सबसे बड़ा साथी लाचारी और बेबसी हो, तो करना पड़ा। सबको एक–दूसरे से सम्बल मिलता और यह आशा रखते कि वक्त पड़ने पर वह काम आयेगा।

चलते–चलते साँझ हो गई। वे पहली बार जिन्दगी में इतना पैदल चले थे। सभी थक कर चूर हो गये थे, लेकिन वे यह भी जानते थे कि यह तो कुछ नहीं, अभी तो बहुत दूर चलना है। वे दौसा शहर तक आ गये थे। संयोग से उसी समय किसी स्वयंसेवी संस्था वाले लोग प्रवासी लोगों को खाना खिला रहे थे। सभी के चेहरे खिल उठे। वक्त की नज़ाकत को समझते हुए उन्होंने तुरन्त हाथ–मुँह धोए और लाईन में दूर–दूर बैठ गये। इस बीमारी से बचने का उपाय भी तो यही बताया गया कि दूर–दूर रहो। खाने के साथ ही कुछ पैकेट रास्ते के लिये भी लिये। उन सबके चेहरे पर लाचारी साफ झलक रही थी। मेहनत कर कमाने–खाने वाले हाथ जब किसी के आगे फैलाते तो उनका हृदय रो पड़ता।

खाने के बाद रामभुवन बोल पड़ा, ''अभी साँझ हुई है। चाहो तो यहीं रुक लो, चाहे थोड़ा और चल लो। अब दिन में गर्मी पड़ेगी, तो सुबह–षाम ही न ज्यादा चलना पड़ेगा ?''

सबकी सलाह हुई कि रामभुवन सही कह रहा है। दिन में धीरे–धीरे गर्मी बढ़ेगी, अतः सुबह–षाम ही चला जाये, कुछ रात में चला जाये, 9–10 बजे तक। दोपहरी और रात में विश्राम किया जाये।

सब वापस उठ खड़े हुए अपनी मंज़िल की ओर जाने के लिये। दस बजे के आसपास कोई छोटा–सा शहर आया। सड़क के किनारे लम्बी–चौड़ी बाउण्ड्री बनी हुई थी। उसी में हेण्डपम्प लगा हुआ था। दरवाजा था नहीं। जगह अच्छी जान सब वहीं रुक गये।

'अब तो जब तक गाँव नहीं पँहुच जाते, इसी तरह कहीं पर रात तो कहीं पर दोपहरी काटना नियति में लिखा है।' यही सोच राम आसरे ने मास्क हटाया। सभी हाथ–मुँह धोकर वहीं सो गये।

सुबह रामभुवन की नींद सबसे पहले खुली। मोबाईल में समय देखा–पाँच बज रहे थे। उसने सबको जगाया। अभी ठण्ड का समय है, दोपहरी में इतना चल नहीं पायेंगे।

सब अपने–अपने नित्यकर्मों से निपट पुनः चल पड़े। रास्ते में रामबृक्ष की चप्पल का फीता टूट गया। कच्ची–पक्की तपती सड़क पर बिना चप्पल कैसे चले? राम भरोसे ने पेड़ की छाया में बैठ सुई–धागे से उसकी मरम्मत कर दी। इसी बहाने सबको थोड़ा सुस्ताने का मौका मिल गया।

सबने रेल–लाईन के पास–पास की सड़क–पगडण्डी का रास्ता लिया था। जहाँ कहीं बहुत जरुरत होती, पूछ लेते, कुछ मोबाईल से भी मदद हो जाती। वे जहाँ कही भी रुकते, उनकी कोषिष रहती कि मोबाईल को अधिक से अधिक चार्ज कर लें, ऐसे समय में यह बहुत काम आता है।

दोपहरी के आसपास वे बांदीकुई जंक्षन तक आ गये। एक बड़े पेड के नीचे बैठ कर सुस्ताने लगे ही थे कि

कुछ समाज सेवी भोजन के पैकेट्स लेकर आ गये। सब प्रफुल्लित हो गये। झटपट पास ही लगे हेण्डपम्प से हाथ–मुँह धोकर तरोताजा हुए और पेट–पूजा करने बैठ गये। सबने पहले बचा हुआ खाना काम लिया और आगे के रास्ते के लिये कुछ पथ्य बचा कर रख लिया।

सबकी आदत दोपहरी की नींद लेने की थी, और इस बार तो मेहनत भी कुछ अलग ही थी, अतः तीन–साढ़े तीन बजे नींद खुली। वे फिर अपने पथ पर रवाना हो गये।

रास्ते में कितने ही लोग उनके साथ हो जाते और जिनके घर–गाँव आ जाते, वे वहीं रुक जाते।

यहाँ सब एक–से थे। सबके पास अपना–अपना सामान था, अपने–अपने बच्चे थे। जो निपट अकेले थे, उनके पास भी कुछ सामान तो था ही, फिर भी वे कभी किसका तो कभी किसका बच्चा अपने कंधों पर बिठा लेते तो साथी की मदद हो जाती। यह एक ऐसी यात्रा थी जिसका किसी को कोई अन्दाज भी नहीं था। ट्रेनों से ही सब कोई आते–जाते थे। आज हालात ऐसे हो गये कि सबको पैदल निकलना पड़ा। अपने पुराने अनुभव, किस्से–कहानियां, व्हाट्सएप के सच्चे–झूंठे मैसेज और इधर–उधर उड़ती खबरों से रास्ता कट रहा था।

दस बजते–बजते वे अलवर तक आ गये। स्टेषन के बाहर ही सब रुक गये।

''बाबू उठो! देखो स्टेषन आ गया।'' राम आसरे अपने बच्चे को जगाते हुए बोला।

''त्या अपना घल आ दया?'' उसने मासूमियत से पूछा।

काश कि ऐसा हो पाता! घर ता अभी काले कोसों दूर था।

————————————————

इसी तरह कितने ही दिन और कितनी ही रातें बीत गईं। अब तो वार और तारीख भी याद नहीं रहती। मषीन की तरह जिन्दगी हो गई थी। सुबह जल्दी उठना, नित्यकर्मों से निवृत होकर पास में कुछ हो तो मिल–बांट कर खाना–पीना, नहीं तो भूखे ही अपने सफर पर निकल जाना और जहाँ कुछ मिल जाये, खा लेना, जहाँ दोपहरी और रात को जगह मिल जाये, वहीं सो जाना। कितनी ही बार तो पुलिस वालों के डण्डे भी खाने को मिले। पपड़ाये ओंठ, पथराई आँखें, रोते–रोते ही सो जाते बच्चे, जिनको कई बार दूध तो क्या, पानी के लिये भी तरसना पड़ जाता था। पर उनका हौसला बढ़ाते वे लोग साथ ही थे जो उनसे भी दूर बंगाल और बिहार जा रहे थे। और वे अकेले नहीं, उनके जैसे लाखों लोग सड़कों पर इस वक्त आंध्र प्रदेष, तेलंगाना, कर्नाटक, महाराष्ट्र, गुजरात आदि से अपने–अपने घर मध्यप्रदेष, यूपी, बिहार, उड़ीसा, झारखण्ड, राजस्थान आदि को लौट रहे थे। कितनी ही खबरें रोज उनको सुनने को मिल रही थी। कितने ही ऐसे लोग, जिनको शासन–प्रषासन ने प्रवासी की संज्ञा दी हुई थी, सड़कों पर चलते समय वाहनों की चपेट में आकर घायल हो गये थे या काल के गाल में समा चुके थे। कितनों को भूख–प्यास या थकान–बीमारी निगल गई। राम आसरे को याद आया, जिस दिन वह चला था उसके दो–तीन दिन पहले ही छत्तीसगढ़ की माँ–बाप की

इकलौती 14 साल की बच्ची 100 किलोमीटर पैदल चल चुकी थी, परन्तु रास्ते में ही तबीयत खराब होने के कारण घर पँहुचने के 14 किलोमीटर पहले ही भगवान के घर चली गई। इसी प्रकार कई लोग तरह–तरह की जुगाड़ गाड़ी बनाकर कोई साईकिल पर तो कोई ट्रक–गाड़ियों में, कैसे भी अपने घर पँहुचना चाहते थे। पर गाड़ियों वाले भी कुछ तो इस महामारी के कारण और कुछ बला टालने की सोच के चलते किसी को लिफ्ट नहीं देते थे। कईयों के पैरों में तो चलते चलते छाले पड़ गये, घाव हो गये, पर क्या करे?? अब कहीं रुकते भी हैं तो कहीं के नहीं रहते हैं।

रामभरोसे को याद आ रहा है, जब वोटों के लिये सरपंच ने उसके टोले भर के आने–जाने का न केवल टिकट का पैसा दिया था, बल्कि उतने दिन की दिहाड़ी भी दी थी। आज सभी लोग सरपंच का फोन कई बार लगा चुके थे, पर उसका नम्बर ही गलत आ रहा था। आज इस विपत्ति में कोई उनके साथ नहीं था। सरकारें आपस में ही लड़ रही थीं और उनकी लड़ाई में मजदूर सबसे अधिक पिस रहे थे। अभी तक ऐसी कोई व्यवस्था नहीं हुई थी कि ये सब सुरक्षित अपने घर पँहुच पाते। घोषणाओं से किसी का पेट नहीं भरा। घोषणायें अलग थी और हकीकत अलग। कभी–कभार कोई ट्रक वाला बच्चों–महिलाओं की हालत देख उन पर दया खाकर 10–15 किलोमीटर तक छोड़ देता, पर उससे क्या होता? एक–दो औरतों की परेषानी अलग थीं। वे किसी को इस बारे में बता भी नहीं पाती थीं। किसी तरह दुख को दाँतों में और आँसुओं को आँखों में ही दबा कर वे सब कुछ

सहन करते चलती जा रही थीं, इसी आषा में कि जल्दी ही घर पँहुच जायेंगे।

आज उनको अपनी असलियत पता चल रही थी। सरकारें लाख ही दावे करें, वे सब बड़े लोगों और अमीरों की ही हैं। उनको हवाई जहाजों में भरभर कर विदेषों से ला रही है और हमारे लिये कोई ट्रेन या बस नहीं ? क्या उनसे कोरोना नहीं फेल रहा है? यह कैसा भेदभाव है ? उन्हें याद आ रहा है 'मैं उन लोगों को हवाई जहाज में उड़ते देखना चाहता हूँ जो हवाई चप्पल पहनते हैं' ऐसा कहा गया था। लेकिन यहाँ एक बस या रेल भी नहीं है। खातों में पैसे आज तक नहीं आये। मजदूरों का ध्यान रखेंगे!! यह ध्यान रखा जा रहा है!! अब उनको भाषण देने वाले नेताओं से नफ़रत–सी होने लग गई।

दो–तीन दिन पहले आई आँधी बरसात ने उनकी परेषानियाँ बढाई तो थी, पर मौसम में कुछ ठण्डक आ जाने से उनका सफर आसान हो गया था। आज तो पूरा टोला मायूस सा हो गया था। आखिर कब कटेगा यह रास्ता? अब तो कभी खाना मिलता है तो कभी नहीं। कहीं–कहीं कोई संस्था वालों से या मंदिरों, मस्जिदों और गुरुद्वारों के लंगर से मिल जाता है तो पेट भर जाता है। अब बातें भी चुक चली थीं। आखिर किस बारे में और कितनी बातें करें? घूम–फिर कर वही कोरोना का रोना आ जाता है। सत्यानाष हो इस कोरोना का।

––––––––––––––––––

टोला ज्योंही इलाहाबाद पँहुचा, सबमें नई जान आ गई। आज उनको चले दस दिन हो गये हैं। अब तो घर आ ही गये हैं। स्फूर्ति का नया संचार हो गया है। इसके

आगे ही बनारस। वही तो जिला है इनका। अब घर पँहुचे ही सही। अपने जान–पहचान के गाँव–पुरवे आने लग गये हैं। अब किसी बात की चिन्ता नहीं है।

अगले दिन इलाहाबाद से बनारस में प्रवेष की चेकपोस्ट पर सबको चेक किया गया। उनके सेम्पल लिये गये। ठहराया गया। गनीमत रही कि कोई भी संदिग्ध नहीं पाया गया। सबको बनारस भेज दिया गया।

बनारस में दुबारा उनकी जाँच हुई। कहीं कोई बदलाव नहीं था। आखिर सबको अपने–अपने घर भेज दिया गया।

––––––––––––––

राम आसरे और उसके सभी साथी अपने–अपने घर आ चुके हैं। वह तो मईया–बाबा के सामने आते ही बिलख पड़ा था। सुनने वालों ने सबने दाँतों तले अँगुली दबा ली– जयपुर से बनारस तक पैदल!! पर उसके जैसे लाखों लोग आज भी तो आ रहे हैं और न जाने कितने दिन तक इसी तरह भूखे–प्यासे अपने–अपने घर आते रहेंगे? क्या मजदूर का ही दूसरा नाम मजबूर है?

अगले दिन गोमती के तट पर घूमते हुए वह अपने साथियों के साथ कुछ सोच रहा था। सभी ने निर्णय लिया कि अब यहीं काम–धन्धा तलाष करेंगे। जैसा भी मिलेगा, आखिर अपना घर अपना ही होता है।

––––––––––––––.

12. कुत्ता

कई बार मनुष्यों के स्वभाव को जानवरों के नाम से इंगित किया जाता है। हम यूं भी कह सकते हैं कि मनुष्य की तुलना अलाने–फलाने जानवरों से करके उस मनुष्य को जानवर के स्वभाव का ठहराया जाता है। मसलन किसी को गधा कहा जाता है तो इसका अर्थ यह है कि अमुक व्यक्ति गधे जैसा सीधा और बेवकूफ़ है। किसी को बैल कहा जाये तो इसका अर्थ यही है कि वह बैल जैसा परिश्रमी और सीधा है।

इसी प्रकार 'कुत्ता' शब्द भी मनुष्य के स्वभाव को बताने के काम आता है जो वफ़ादारी को बताता है। यह शब्द गाली के तौर पर भी प्रयुक्त होता है। वफ़ादारी और गाली का क्या सम्बन्ध ? पर मेरी आँखों देखी एक घटना है जो दूसरे ही रूप को दिखाती हैं।

यह पाँच जनवरी 2014 की बात है। मैं मटर के छिलके फेंकने घर के बाहर गया था। आम तौर पर हम इस प्रकार की वस्तुएँ घर के बाहर एक जगह डाल देते हैं, ताकि गाय आदि उसे खा सकें। मैंने छिलके वहाँ डाले। आसपास दो–तीन गायें और कुछ कुत्ते थे। गायें वहाँ तक पहुँचतीं, इससे पहले ही एक कुत्ता वहाँ आया। उसने छिलकों को सूंघा। निश्चित रूप से मटर के छिलके उसके किसी काम के नहीं थे। उसने तुरन्त टाँग ऊँची करके उन पर पैषाब कर दिया। मुझे बड़ा गुस्सा आया,' नालायक ने गाय के लिये भी बेकार कर दिया।' यही सोचकर मैं अन्दर जाने लगा, तभी देखता हूँ कि एक दूसरा कुत्ता आता है और उसने भी उन्हीं छिलकों पर पैषाब कर दिया।

समझ में आ गया कि आखिर क्यों कुत्ता शब्द दूसरे रूप में काम आता है ?

—————————

13. श्राद्ध

एक किसान था। सीधा सादा और भोला–भाला। दिन भर खेत में काम करता और षाम को गृहस्थी में रम जाता। ज़िन्दगी मजे में चल रही थी।

एक दिन उसके बापू का देहान्त हो गया। चलती गाड़ी में जैसे झटका लगा। खूब रोना–पीटना मचा। बापू उसको बहुत चाहता था।

खैर, नातेदार रिष्तेदार आये, क्रिया–कर्म हुआ। षोक मनाया गया। बारहवाँ हुआ। ज़िन्दगी की गाड़ी धीरे–धीरे फिर ढर्रे पर लौटने लगी।

इस बार बरसात अच्छी हुई। किसान की मेहनत रंग लाई, सो फसल भी अच्छी हुई। पुराने लेन–देन निपटे। घर में खुषहाली आई। जब जीव राजी रहता है तो आदमी का मन कुलांचें भरने लगता है। वह कुछ नया करने की सोचता है, अन्यथा तो जिन्दगी लूण–तेल–लकड़ी में ही कट जाती है। वह भी कुछ नया करने की सोचने लगा। पर क्या? उसे याद आया, थोड़े दिन बाद कनागत आने वाले हैं, बापू का पहला श्राद्ध है, धूमधाम से करूँगा।'

'पर यह कैसे पता चलेगा कि बापू बना क्या है ? जब तक यह पता नहीं चलेगा, मैं पण्डित जी को क्या जीमाऊँगा ?' वह भोला था, पर था बड़ा तार्किक।

प्रष्न बड़ा ही पेचीदा था। भला गुजरे हुए आदमी का कैसे पता चले कि वह क्या बना है ? वह दीखता तो है नहीं। बहुत माथा खपाने पर उसे गाँव के जोतसी (ज्योतिषजी) का ध्यान आया।

'हाँ, यह ठीक रहेगा। वे जोतसी तो हैं ही, ब्राह्मण भी हैं।'
सोचता हुआ वह उनके घर की तरफ दौड़ पड़ा।

पालांगी करने के बाद उसने अपने आने का उद्देष्य
बताया।

जोतसी ने पूछा, ''बापू कब सुरधाम को गया था ?''

''गये साल भाई दूज के चार दिन बाद।''

जोतसी ने कागद–पत्तर उलट–पलट किये, कुछ सोचा
और बोला, ''भई देख, तेरा बापू मेहनती था। उसने इस
लोक में खूब मेहनत की, वहाँ भी मेहनत से जी नही
चुराया। तेरा बापू इस जूण (जन्म) में बैल बना है।''

''बापू बैन बन गया!!'' उसका मुँह खुला का खुला रह
गया।

जोतसी की दान–दक्षिणा चुकाकर उसने घर की राह
ली।

श्राद्ध के दिन वह सुबह जल्दी पण्डित को तलाष
करने निकला। पर इन दिनों में कहाँ आसानी से पण्डित
मिलते हैं ? कौओं और पण्डितों की पौ बारह रहती है,
अतः आसानी से मिलते भी नहीं हैं। चारों तरफ तलाष
मारा, पर कहीं भी उसे एक अदद पण्डित नहीं मिला।
सभी इस मौके का पूरा–पूरा फायदा उठाते हुए जमकर
कनागतें जीमने और दक्षिणा बटोरने में व्यस्त थे।

अचानक उसे ध्यान आया, 'जोतसीजी से ही पूछ लूँ वे
भी तो ब्राह्मण हैं।'वह जोतसी के घर की ओर दौड़ पड़ा।

संयोग से जोतसी घर पर ही मिल गये। वे एक जजमान के यहाँ जीम कर आये ही थे। उसने पालांगी कर झट अपनी समस्या कही।

''नहीं भाई नहीं, मैं अभी—अभी जीम कर ही आया हूँ।'' साफ मना करते हुये वे बोले।

''पण्डित जी, इतना—सा तो घर तक पहुँचते—पहुँचते ही पच जायेगा। आप तैयार तो हों। फिर दक्षिणा भी अच्छी कर दूँगा।'' उसने उनकी नब्ज़ टटोलते हुए कहा।

''खाना तो इतना खा लिया है कि चलना क्या, उठना—बैठना भी मुश्किल है। पर तुम इतनी श्रद्धा से मनुहार कर रहे हो तो चलना ही पड़ेगा। फिर तुम्हारा बापू भी अच्छा आदमी था, उसका भी मान तो रखना ही पड़ेगा न।'' दक्षिणा की बात को वे बिना मुँह खोले ही कह गये।

उनको साफ—सुथरी दरी पर पर बैठाकर वह रसोई में उनके लिये खाना लेने गया। एक बड़ी सी परात में बँट रखा हुआ था। दूसरी परात में घी—तेल से सनी खळ और भूसी। दोनों परातें सर पर रखकर वह और उसकी पत्नी पण्डित जी के सामने आये। पण्डित जी अचकचाये, ''जजमान, मैं इतना थौड़े ही खा पाऊँगा।''

लेकिन जब परातें सामने रखी गईं, तो वे गुस्से से आगबबूला हो गये, ''यह क्या जजमान? क्या तुम मेरा अपमान करने के लिये यहाँ लाये हो? घर बुलाकर अतिथि का अपमान और वह भी ब्राह्मण का? षिव—षिव! कैसा घोर पाप कर रहे हो?''

''आप यह क्या कह रहें हैं, महाराज? अपमान और आपका? आपने ही तो कुछ दिन पहले कहा था कि मेरा

बापू बैल बन गया। सो मैं बैल के लिये बढ़िया से बढ़िया बँट और खळ–भूसी लाया हूँ। आप भोग लगाइये। यह सब आपके द्वारा बैल बने मेरे बापू तक पँहुचकर उसकी आत्मा को तृप्त करेगा।'' वह हाथ जोड़ कर बोला।

वे जैसे नींद से जागे हों। उन्हें ध्यान आया कि लगभग 15–20 दिन पहले इसी ने तो पूछा था,'मेरा बापू क्या बना है ? अब कैसे बचा जाये?'

''सुन भाई, आज है एकादषी। एक बार भोजन करने के पष्चात् मैं दुबारा खाना तभी खाता हूँ जब सात बार चरणामृत से आचमन नहीं कर लेता और फिर गौरस से पवित्र नहीं हो लेता।'' वे उठते हुए बोले।

''मैं बैलगाड़ी पर ले चलता हूँ, परेषानी भी नहीं होगी और तुरन्त वापस भी आ जायेंगे।'' वह बोला।

''नहीं नहीं, जीवों को कष्ट मत दो। और फिर तुम्हारा बापू भी तो बैल ही बना है। आज बैलगाड़ी पर बैठूंगा तो उसे कष्ट नहीं होगा?'' कहते हुए पण्डित जी यह जा, वह जा।

—————

14. बुद्धि का कमाल

प्यारे बच्चों, एक समय की बात है। एक घने जंगल में एक सियार रहता था। उसके दो छोटे–छोटे, प्यारे–प्यारे, टुन्ने–टुन्ने बच्चे थे। वह अपने छोटे–से परिवार के साथ मजे में रहता था।

एक दिन क्या हुआ कि वह परिवार सहित षिकार की खोज में था। हवा थम–सी गई थी। वातावरण में काफी उमस थी। अचानक बादल घिर आये और बरसात होने लगी। सियार परिवार सहित छिपने के लिये पहाड़ की तरफ भागा। किस्मत से उन्हें एक खाली गुफा–सी मिल गई। वे सभी उसमें घुस गये। सबने राहत की साँस ली।

दरअसल वह शेर की माँद थी जिसमें वह शिकार करने के बाद आराम करता था। अभी वह बाहर था।

कुछ समय बाद षेर आया तो उसने देखा, 'कुछ जानवर अन्दर तो गये हैं, परन्तु उनके बाहर आने के निषान नहीं हैं।

'मेरे घर में कौन आ सकता है?' शेर वहीं खड़ा–खड़ा सोचने लगा।

इधर सियार ने भी शेर को आते देख लिया था। उसने सोचा,' आज तो बुरे फँसे। कहीं यह हम सब को मारकर न खा जाये।' पर वह था बड़ा ही चालाक। उसने चुपके से बच्चों को कुछ कहा और फिर सावधान निगाहों से बाहर शेर की तरफ देखने लगा।

अचानक शेर ने गुफा से आती बच्चों की आवाज सुनी, ''पापा–पापा, कल तो आपने हाथी मारकर खिलाया था।

आज हमारी इच्छा शेर खाने की हो रही है। शेर कब खिलाओगे?''

शेर घबराया, ''ये किस जानवर के बच्चे हैं जो शेर और हाथी को खाने की बात कर रहे हैं?''

शेर सोच ही रहा था कि इतने में आवाज बदल कर सियार बोला, ''चिन्ता मत करो बच्चों, मैं अभी बाहर जाता हूं और जो शेर सबसे पहला शेर मिलेगा, उसे मारकर ले आता हूँ। फिर तुम आराम से उसे खाना।''

शेर ने सोचा कि अब शामत आई!

बच्चों, इस शेर के दादा को एक खरगोश ने कुँए में डुबाकर मारा था और बाप को एक धोबी अपना गधा समझ कर डण्डे से मारता हुआ ले गया था और खूंटे से बाँध दिया था। बेचारा बाप यही समझता रहा कि यह टपूकड़ा नाम का कोई भयानक जीव है। सो इसने भी आव देखा न ताव और दुम दबाकर भागा। 'पता नहीं यह कौनसा जानवर है जो इतनी आसानी से अपने बच्चों को हाथी–शेर का शिकार करके खिलाता है? कहीं टपूकड़ा ही तो नहीं है। अपनी तो भागने में ही भलाई है।' वह भागता जा रहा था और सोचता जा रहा था।

जब सियार ने शेर को भागते देख तो राहत की साँस ली। 'कल किसी भी हालत में यह गुफा खाली कर दूँगा।' उसने सोचा।

एक बन्दर दूर पेड़ पर बैठा हुआ यह सब देख रहा था। 'शेर अपनी गुफा तक गया और उल्टे पैर भागा जा रहा है, आखिर माजरा क्या है ?' उसने सोचा।

वह पेड़ों की शाखाओं पर झूलता हुआ शेर के पास पँहुचा और बोला, ''क्या हुआ वनराज? आप इस तरह बदहवास कहाँ भागे जा रहे हैं?'

''कुछ नहीं। मुझे लगता है कि गुफा में जरूर कोई भयानक जानवर है।'' वह बोला।

''आपसे भी भयानक कौन हो सकता है भला ? आपको विष्वास न हो तो मैं आपके साथ चलूं?''

शेर बोला, ''कैसे विश्वास करूँ? मैंनें खुद सुना है कि वे शेर का शिकार करने जा रहे हैं।''

''अच्छा, मैं खुद आपके साथ चलता हूँ तब तो आपको विष्वास होगा कि वहाँ ऐसा कोई जानवर नहीं है जो शेर का भी षिकार करे।'' बन्दर बोला।

''तुम कहीं भाग गये तो ?'' शेर को अब भी बन्दर पर विष्वास नहीं था।

''मेरी पूँछ के साथ आपकी पूँछ बाँध लेते हैं और फिर चलते हैं, तब तो आपको विष्वास हो जायेगा ?'' बन्दर शेर के अविष्वास को दूर करते हुए बोला।

शेर के सामने अब कोई चारा नहीं था। अतः वे आपस में एक दूसरे की पूँछें बाँधकर वे गुफा की तरफ बढ़े। उसके मन से अब भी संषय पूरी तरह दूर नहीं हुआ था। सियार ने देखा कि शेर वापस आ रहा है और साथ में एक बन्दर भी है।

'जरूर यह करतूत इस बन्दर की है, अन्यथा शेर तो भाग गया था। आने दो इनको, ऐसा मजा चखाऊँगा कि छठी का दूध याद आ जायेगा कम्बख़्तों को।' उसने सोचा।

ज्योंही शेर और बन्दर गुफा के पास आये, सियार के बच्चे जोर–जोर से चिल्लाने लगे, ''पापा–पापा, देखो, आपने जिस बन्दर को भेजा था ना शेर को पकड़ कर लाने के लिये, वो उसे ले आया है, अब उसका षिकार करने चलते हैं।''

''जरूर–जरूर, चलो चलते हैं।'' सियार बोला।

शेर ने सुना तो उसके होष फ़ाख्ता हो गये। 'अच्छा, तो यह भी इस भयानक जीव से मिला हुआ है!! भागो, नहीं तो खैर नहीं है आज।' और वह सिर पर पैर रखकर ऐसा भागा कि पीछे मुड़कर देखा तक नहीं ।

बेचारा बन्दर ! कहाँ तो शेर की आफत दूर करने आया था, अब खुद ही भारी संकट में फँस गया। 'रुको–रुको, अरे मैं मर जाऊँगा। रुको–रुको।' वह चिल्लाता जा रहा था।

पर शेर को कहाँ फुरसत? उसे खुद अपनी जान की पड़ी थी।

कूदते–फाँदते शेर एक संकरी जगह से गुजरा तो बन्दर वहीं अटक गया। शेर ने जोर लगाया तो बन्दर की पूँछ टूट गयी। बन्दर अपने घाव सहलाते हुए खड़ा हुआ और लपक कर एक पेड़ पर चढ़ गया। उसने कसम खा ली कि अब कभी वह फटे में टाँग नहीं देगा ।

उधर मौका पाकर सियार तुरन्त परिवार सहित सुरक्षित जगह चला गया।

इस तरह सियार ने चतुराई से न केवल अपनी और अपने परिवार की जान बचाई, बल्कि बन्दर को भी अच्छा सबक सिखा दिया।

आज भी बंदर अपनी उखड़ी हुई पूँछ को देखता है तो उसे अपने 'होषियारपने' पर गुस्सा आता है।

लेकिन वह आज तक जान नहीं पाया कि उस दिन शेर ऐसे क्यों भागा था ?

बाकी आप और हम तो जानते ही हैं। हैं ना?

____

15. गौरक्षक

बैरवा साहब बहुत परेषान थे। आज रविवार की छुट्टी खराब हुई सो हुई, यहाँ चारों तरफ कीचड़ ही कीचड़ में काम करना पड़ रहा है, सो अलग। पर क्या करें, सी एम का दौरा था और आगे से सख्त आदेष थे–गौषालाओं और कायन हाउसों का खास निरीक्षण होना है।

वे आँखों पर हाथ का छज्जा लगाये चारों तरफ देख रहे थे कि दरवाजे की तरफ से 10–15 नवयुवक हुल्लड सा मचाते उनकी ओर ही आते दिखे। वेषभूषा से वे समझ गये कि ये गौरक्षक हैं।

"यहाँ गायों की इतनी खराब दषा क्यों है? आप लोग क्या कर रहे हैं? इतनी गायें कैसे मर गईं?"

एक रौबदार दुबले–पतले लड़के ने पास आते ही एक साथ सवालों की झड़ी लगा दी।

"गायें यहाँ मरणासन्न स्थिति में ही लाई जाती हैं। जो यहाँ की पली–बढ़ी गायें हैं वे एकदम स्वस्थ और ठीक हैं। जो गायें यहाँ मरी हैं और खराब हालत में हैं, वे ऐसी गायें हैं जो एक–दो दिन में ही शहर से लावारिस हालत में लाई गई हैं। इनके पेट में इतना कचरा और प्लास्टिक की थैलियाँ हैं कि बचना नामुमकिन–सा है। फिर भी डॉक्टर साहब पूरी कोषिष कर रहे हैं।" कह कर उन्होनें दूर पेड़ की ओर इषारा किया।

पेड़ की छाया में डॉक्टर और उनकी पूरी टीम गायों की देखरेख में लगी हुई थी।

''गौ माता का इस तरह मरना ठीक नही है। आप अपनी व्यवस्थायें सुधारिये।'' एक अन्य गौरक्षक धमकी भरे अंदाज में बोला।

उनका माथा भन्ना गया!! एक तो इस प्रचण्ड गर्मी में कीचड़ के बीच काम करना पड़ रहा है। जो बजट आता है, वह कहाँ–कहाँ बँटता है, क्या इस बात को ये गौरक्षक नहीं जानते !! फिर कैसे व्यवस्था सुधारें ? पर वे धीरे से बोले–

''जरूर सुधार लेंगे। पहले आपको मेरी मदद करनी पड़ेगी। जरा साथ आईये।'' कह कर वे टीन शेड के पीछे की ओर चले। गौरक्षक भी उनके पीछे–पीछे चल रहे थे।

''कल रात की बरसात में ये दो गायें खत्म हो गई। आप तो माता मानते हो। जरा हाथ लगवा कर इनको इस गाड़ी में रखवा दीजिये, ताकि अंतिम संस्कार हेतू भिजवाया जा सके। हमारे सारे आदमी बुरी तरह व्यस्त हैं।''

सबकी सिट्टी–पिट्टी गुम!! सब एक–दूसरे की ओर ताकने लगे। ऐसी स्थिति भी आ सकती है, यह तो उन्होनें सपने में भी नहीं सोचा था। वे तो बस हुल्लड़ मचाना, गौरक्षा के नाम पर ट्रकों को रोकना, वसूली करना और विरोध होने पर उनमें सवारों को मारना–पीटना या आग लगाना ही जानते थे। पुलिस और थाने सब उनके ही थे, सो कार्रवाहियाँ होती नही थी, इससे उनके हौंसले बुलन्द थे।

''क्या हुआ? आपकी तो माताजी हैं। उठाते क्यों नहीं ? क्या आपकी सगी माँ मरी पड़ी होती तो भी इसी तरह दूर–दूर भागते ?? आओ, सब मिलकर उठाते हैं?''

''नहीं। वो बात नहीं है। हम और लोगों को ले आते हैं, फिर मिलकर आसानी से उठा लेंगे।'' सब भागते–से गेट की तरफ लपके।

''मैं सब समझता हूँ, क्या बात है ? मरी गाय को छूने से आप अपवित्र हो जाओगे, यहीं ना?? जा कहाँ रहे हो, ये तो तुम्हारी मातायें हैं। मरी माँ को छूने से भी कोई अपवित्र हुआ है भला? अरे, माँ मरती है तो पुत्र उससे लिपट–लिपट कर रोते हैं। यहाँ तो कोई हाथ लगाने वाला तक नहीं है। कैसे बेटे हैं ये???''

पर वहाँ उनकी बात सुनने वाला कोई नहीं था। गौरक्षक अपनी माताओं को मरा छोड़ कर नौ–दो ग्यारह हो चुके थे।

———

16. माँ की ममता

करीब महीने भर पहले की बात है। आसपास कहीं से एक कुतिया और उसका पिल्ला हमारे मोहल्ले में आ गये। पिल्ला काला और सफ़ेद था और उसकी माँ लाल रंग की थी। पिल्ला गबदू–सा, गोल–मटोल करीब सवा महीने का था और बहुत ही प्यारा था। आसपास के बच्चों के लिए वह चलता–फिरता खिलौना हो गया। बच्चे उसके आसपास जाते, कई बार वह खुद दौड़ता–दौड़ता उनकी ओर चला आता। उनके पाँवों की सूंघा–सांघी करता, उनको चाटता व पैरों के छोटे–छोटे पंजे मारता और घरों में पोर्च और गैलेरियों तक में चला जाता। बच्चे कभी डरकर तो कभी हँसकर इधर–उधर भागते तो वह उनका पीछा करता। वे उसके लिए कभी बिस्किट तो कभी रोटी लाते। कभी तो वह कुछ खा लेता, अन्यथा सूंघकर छोड़ देता। वह अपनी माँ का दूध अधिक पीता था। रात को दोनों माँ–बेटे चिपककर किसी कोने में या रेम्प के नीचे सूखी जगह में सो जाते। कुछ लोगों ने टाट की बोरी और कुछ ने फटे–पुराने कपड़े भी डाल दिये थे। वे कभी–कभी उनका उपयोग करते, अन्यथा वैसे ही सो जाते थे।

आसपास के छोटे बच्चे जब कभी फुरसत में होते, आ जाते और पिल्लू (यही नाम दिया था बच्चों ने उसको) के साथ खूब खेलते। वह भी उनसे ऐसा हिल गया था कि उनको सूंघते–सूंघते उनके घरों में चला जाता, उनके हाथों पर पंजा देता, पैरों को छोटे–छोटे पंजो से

खुरचता। मेरी दोनों बच्चियों से तो वह बहुत घुल मिल गया था।

एक दिन रात के लगभग साढ़े तीन बजे थे। अचानक उसकी माँ के भौंकने और उसके चिल्लाने से मेरी नींद खुली। मैंने अनुमान लगाया कि दोनों अवष्य संकट में हैं। मैं उठा और दौड़कर तुरन्त फाटक का ताला खोला। देखा तो आसपास के दो–तीन कुत्ते उन दोनों माँ–बेटे को परेषान कर रहे हैं। मैंने पास ही रखा डण्डा उठा कर फटकारा तो वे सब भाग लिये। दोनों माँ–बेटे पूँछ हिलाते–हिलाते मेरे पास आये, मानों आभार प्रकट कर रहे हों। फिर एक कोने में चिपककर सो गये।

इस घटना के करीब आठ–दस दिन बाद मेरी छोटी बेटी के लिए साईकिल लाये। पिल्लू साईकिल को सूंघ–सांघ कर चला गया। मेरी बेटी ने कहा कि पापा, जब मैं साईकिल चलाऊँगी, तो यह पीछे–पीछे दौड़ा करेगा। मैंने कहा बेटा यह छोटा–सा है, थौड़ी दूर दौड़ कर रुक जायेगा, तू गली का चक्कर लगा कर आ जाना।

शाम का समय था। बच्चियाँ पढ़ रहीं थीं। मैं हाल में बैठा अपना काम कर रहा था। अचानक उसके जोर से चिल्लाने की आवाज आई। मैं उसकी आवज सुनकर चौंका। एक अनहोनी का भय मेरे मन में दौड़ गया। मैं तुरन्त उठा। तब तक चार–पाँच कुत्तों के भौंकने और दौड़ने की आवाजें आने लगी। मैंनें फाटक खोला और जिधर से आवाजें आ रही थीं, उधर नजर दौड़ाई। उधर का दृष्य देखा तो वज्रपात–सा हुआ। पिल्ला दो घर आगे ही निष्चेष्ट, सड़क के एक तरफ लेटा था। उसके मुँह के

पास खून फैला हुआ था। उसकी माँ उसके पास बैठी कूँ–कूँ कर रही थी मानों रो रही हो! मैं व दोनों बच्चियाँ उधर भागे। सबका प्यारा, सबका मन बहलाने वाला, बच्चों का चलता–फिरता खिलौना, जो थौड़ी ही देर पहले साईकिल को सूंघकर गया था और छोटी बिटिया आस लगाये बैठी थी कि 'जब मैं साईकिल चलाऊँगी, तो यह पीछे–पीछे दौड़ा करेगा', अपने अन्तिम सफ़र पर जा चुका था।

मोहल्ले के सारे बच्चे–बड़े इकट्टे हो रहे थे और अपने–अपने शब्दों में दुःख प्रकट कर रहे थे। उनका खिलौना जा चुका था। मेरी छोटी बच्ची की रुलाई फूट पड़ी और वह मेरे कंधे पर सिर रखकर रो पड़ी। कुछ ही क्षण पहले जो खुषी उसको नई साईकिल पाने से हुई थी, विधाता से वह नहीं देखी गई और तुरन्त ही इतना बड़ा दुःख दे दिया। आखिर तो वह उसके साथ बहुत अठखेलियाँ करता था। बहुत ही दुखी मन से वह बोली,"पापा, घर चलो।" शायद उसके लिए पिल्लू की यह दषा असहनीय थी।

उसको किसी तरह दिलासा देकर मैं घर तक लाया। आसपास काफी भीड़ जमा हो गई थी। सभी दुखी और गुस्से में थे और उस मासूम की अठखेलियों का वर्णन कर रहे थे, जो अब भूतकाल की बातें हो चुकी थीं। सभी उस घर तक गये जहाँ वह गाड़ी खड़ी थी। घर का दरवाजा खटखटाया गया, लेकिन वहाँ कोई नहीं था। ड्राईवर फरार हो चुका था।

घर आकर मैंने अपने मिलने वालों को फोन किया, जो नगर परिषद में थे। उन्होनें मृत पशुओं को उठाने वाले

ठेकेदार के मोबाईल नम्बर दिये। ठेकेदार ने सुबह कोई आदमी भेज देने की बात कही।

इन्तजार करने के अलावा और कोई चारा भी नहीं था। मैंने पुलिस थाने में फोन करके यह वाकया बताया और कहा कि यदि कोई इंसान होता तो क्या होता! गाड़ी वाला बहुत लापरवाही से गाड़ी चला रहा था। थाने से केवल कार्रवाही का आष्वासन मिला, आया कोई नहीं। पुलिस के लिये यह नगण्य घटना थी। जो पुलिस इंसान की हत्या हो जाने पर भी समय पर न पँहुचे, उससे एक कुत्ते के बच्चे के कुचल कर मर जाने पर आने की आषा करना बेकार था।

धीरे–धीरे शाम ढलने लगी थी। भीड़ छँटने लगी और लोग अपने–अपने घरों में बंद होने लगे। पर सबके मन उदास थे।

हम बार–बार दरवाजे तक आते और पिल्लू की तरफ देखते। उसकी माँ एक क्षण के लिये भी उसके पास से नहीं हट रही थी। आसपास के लोगों ने डण्डे से कुछ कपड़े उस पर डाल दिये और रास्ते की ओर कुछ ईंटें रख दीं, ताकि कोई वाहन रात को नुकसान न पँहुचा दे।

सुबह ठेकेदार को फोन किया। लगभग घण्टे भर बाद एक लड़का आया। उसके पास सीमेण्ट का खाली बेग था। हमने किसी तरह रोटी का लालच देकर पिल्लू की माँ को उसके पास से हटाया। रात भर की भूखी तो वह भी थी ही। जब वह रोटी खाने लगी, तभी झट से उस लड़के ने पिल्लू को बेग में डाला और मोटरसाईकिल पर बैठ कर फुर्र हो गया। देखने वालों की आँखें नम थीं।

मेरी बच्ची फिर बिलख पड़ी। हमने हाथ जोड़ कर नम आँखों से उसे अन्तिम विदाई दी।

सब अपने-अपने काम-धन्धों में मषगूल हो गये। दिन में देखा कि पिल्लू की माँ जबरन घर में घुसने की कोषिष कर रही है। हमने दरवाजा खोल दिया। वह पोर्च में घूमी, गैलेरी में घूमी, आसपास सब जगह देखा, लेकिन जो वह तलाष कर रही थी वह नहीं मिला और निराष होकर घर से निकल गई। इसी तरह आसपास के चार-पाँच घरों में भी देखा, लेकिन कुछ नहीं पाकर वह सामने दीवार के पास खड़ी होकर लम्बी आवाज में रोने लगी। हम सब देख-समझ रहे थे। उसकी भाषा हम नहीं समझ सकते थे, लेकिन भाव और मर्म तो समझ ही सकते थे। इन्हीं घरों में पिल्लू सबसे अधिक घूमता-फिरता था, अठखेलियाँ करता था, लेकिन अब वह यहाँ कहाँ?

कुछ दिनों से उसका यही क्रम जारी है। वह रोज घरों में आती है, पिल्लू को तलाष करती है और नहीं मिलने पर दुखी मन से दीवार के पास खड़ी होकर एक-दो बार लम्बी आवाज में रोती है, फिर अपने खाने की तलाष में निकल जाती है। उसकी आँखें आज भी उसको तलाष रही हैं जो कब का अपने अनंत सफर पर निकल चुका है।

17. दूध का दाम

आज रूपकुँवर का मन रह–रह कर भर आता है। वह बड़ी मुश्किल से अपनी भावनाओं को सम्भाले हुए है। उसकी अन्तरात्मा से बार–बार यही दुआ निकल रही है–'हे भगवान! गोठवाल साहब को दिन–दूनी रात–चौगुनी तरक्की देना। वे सदा सुखी रहें, खूब फलें–फूलें।'

आखिर क्यों नहीं ?

गोठवाल साहब ने न केवल उसकी डूबती नैया को सहारा दिया, बल्कि आगे की पीढ़ी का भी बन्दोबस्त कर दिया था।

भूतकाल का सारा घटनाक्रम उसकी आँखों के सामने चलचित्र की भाँति घूम गया।

————

अभी उसकी शादी को कुछ महीने ही हुए थे। कितने राजसी ठाठ–बाट से उसके घरवालों ने उसकी शादी की थी ? बचे–खुचे रजवाड़ी अवषेष आज भी अपनी कहानी कह रहे थे। बड़े गाजे–बाजे के साथ उसकी बारात आई थी। उसके ससुराल वाले कभी वहाँ के राजा हुआ करते थे। आसपास के बारह गाँवों के जागीरदार थे।

देष आजाद हुआ। समय ने पलटा खाया। समय को कोई बाँध नहीं सका आज तक। रावण भी नहीं। समय के साथ राजे–रज़वाड़े जाते रहे। कुछ समय प्रिविपर्स भी मिला, लेकिन बाद में वह भी बंद हो गया। हाँ, जमीन–जायदाद अब भी थी। लेकिन भूदान आंदोलन में वह भी बहुत–सी भेंट चढ़ गई। अब बची–खुची जमीन से ही उनका खर्चा चल रहा था। जिस साल खेती अच्छी

नहीं होती थी, उस साल जमीन का कोई न कोई टुकड़ा बेचना पड़ता था। वे राजनीति में भी उतर सकते थे। उनके जैसे कई ठिकानेदारों ने वक्त की नज़ाकत देखते हुए उस नाव से इस नाव में पैर रख लिए थे। लेकिन उनकी नजर में यह काम आन–बान को कम करने वाला था। भला जिन लोगों पर उनके पूर्वजों ने राजा बन कर राज किया, आज उनके ही आगे–पीछे घूमने और उनसे वोट माँगने से पूर्वजों की आत्मा उन्हें धिक्कारेगी नही? यह भिखारीपन का काम उनसे तो नहीं होगा!

और जिनके यहाँ कभी लोग बेगार करने आते हों, भला वे किसी के यहाँ काम करने कैसे जाते? हाँ, अपने खेतों में मजदूरों से काम अवष्य करवाते थे। पर खुद नहीं करते थे। यदि मालिक भी मजदूर के साथ–साथ खेत में काम करने लग जाएँ तो मालिक–मजदूर में फर्क कैसा ? वह तो मजदूर ही हो जायेगा!

फलतः आय का एकमात्र जरिया खेती ही रह गई। उस पर भी हर साल–दो–साल में पड़ने वाले अकाल उसको कम करते जा रहे थे।

––––––––––

शादी के बाद धीरे–धीर भूपति सिंह के राज उस पर खुलने लगे। वह अपनी किस्मत को कोसती। हाय! उसके माँ–बाप ने क्या सोचकर अपनी लाड़ली का जीवन नर्क कर दिया!! आखिर क्यों?? अगर उसके नाम के आगे से खानदानरूपी पूँछ हटा दी जाए तो वह कुछ भी नहीं था। अच्छा खानदान देखकर उसके माँ–बाप ने उसकी शादी भूपति से की थी, लेकिन बाद में पता चला कि वह तो आठवीं फेल था!! कहाँ वह दसवीं प्रथम श्रेणी से पास

और कहाँ आठवीं फेल पति!! खानदानी अकड़ में वह पढ़ ही नहीं सका। अध्यापकों से बद्जमीजी, स्कूल का कार्य नहीं करना, बंक (भिगोड़ी) मारना, कक्षा में खुराफ़ातें करना, साथियों से लड़ना-भिड़ना ये उसके शगल थे। उस पर अंगूरी से यारी और फालतू के यार दोस्त अलग। सिर्फ उसके दादा थे जो तेजी से बदल रहे वक्त का की नज़ाकत को समझ रहे थे। वे अक्सर उसे समझाते, ''देख बेटा, अब पहले जैसा समय नहीं रहा। अब आदमी को जीने के लिए पढ़ना-लिखना होगा, मेहनत करनी होगी। जो पढ़ेगा-लिखेगा नहीं, वह समय के साथ नहीं चल पाएगा।'' दादा की सीख उसे कुनैन की गोली की तरह लगती। वह वहाँ से कोई न कोई बहाना बना कर भाग जाता।

समय कब किस के लिए रुकता है? दादा रहे नहीं, उम्र बढ़ने लगी तो घरवालों ने सुन्दर-सी कन्या देख कर शादी कर दी। धीरे-धीरे जिम्मेदारियाँ बढ़ने लगी, जमीनें कम होती जा रही थीं। उस पर अकाल-कोढ़ में खाज। परिवार और खर्चे बढ़ते गये। आमदनी का कोई स्थाई साधन नहीं पुराना मान-सम्मान और नाक आगे आ जाती।

रूपकुँवर के ही सामने की बात है–क्या से क्या हो गया ? बड़े लोग गलत नहीं कहते थे, 'बैठे-बैठे खाने से तो कुबेर का खजाना भी खाली हो जाता है।' यही हो भी रहा था।

नित्य के क्लेष से रूपकुँवर तंग आ गई थी। जब कभी भूपति नषे में नहीं रहता, तब वह उसे जमाने की ऊँच-नीच समझाने की कोषिष करती, कहती, ''कल अपने

भी बच्चे होंगे, इस माहौल और तंगी में क्या सीखेंगे? कहीं दूसरी जगह चलते हैं, जयपुर बहुत बड़ा शहर है, वहीं चलने की सोचो, कोई न कोई काम–धन्धा मिल ही जायेगा।''

कभी–कभी उसे उसका प्रसाद भी मिल जाता, वह भी गालियों के साथ। भूपति जो न करे, वही कम था। पर वह जाये तो कहाँ जाये? पीहर का हाल यहाँ से कुछ अच्छा नहीं था। कभी सोचती, अमीरी भी गरीबी की तरह ही बुरी होती है। घर का सारा धन झूटी शान, शराब–कबाब और दिखावे में बरबाद हो गया और वे अभी तक इस भ्रम में जीते रहे कि वे अमीर हैं।

उस दिन तो गज़ब हो गया। उम्मेद; भूपति का छोटा भाई, शराब में धुत्त होकर आ गया और घर में खूब हंगामा किया। टोकने पर भूपति से भी मार–पीट की। उस दिन से भूपति का भी मन घर से उठ गया।
''तू ठीक ही कहती थी।'' उस दिन शाम को खाना खाते समय बेमन से उसने कहा था।
''क्या!'' रूपकुँवर बोली। वह बड़ी देर से उसे बेमन और उदासी से यंत्रवत खाना खाते देख रही थी।
''हम कल ही जयपुर चल देंगे। अब यहाँ रखा ही क्या है ? तू जरूरी सामान बाँध लेना। इतना बड़ा शहर है, कोई न कोई काम तो मिल ही जायेगा।'' वह बोला।

जयपुर आते ही लगा, जैसे किसी अलग ही दुनिया में आ गये हों। चारों तरफ रेलमपेल। हर किसी को जल्दी। दौड़ते भागते आदमी। किसी को किसी की परवाह ही नहीं। स्टेशन पर खासी धक्का–मुक्की थी। यहाँ कोई किसी की जाति नहीं पूछ रहा। रेल में भी सब एक दूसरे

से अड़ (सट) कर ही बैठे थे। न बैठते तो खड़े रहते या नीचे उतरते। भीड़ ही इतनी थी। प्याऊ पर सब कोई लाईन में पानी पी रहे थे। वे दोनों भी गला तर करने वहाँ गये।

पानी पीने के बाद उसने प्याऊ पर बैठे आदमी से अटकते–अटकते पूछा, ''तू किनके है भई ?''

प्याऊ वाले ने उसे ऊपर से नीचे देखा और बोला, ''क्यों, पानी के बदले जात पीनी है ?''

''नहीं भाई, तुम तो नाराज हो गये। मैं तो बस वैसे ही पूछ रहा था......।''

वह आगे कुछ बोलता उसके पहले ही प्याऊवाला दूसरे आदमी को पानी पिलाते हुए बोला, ''बैरवा हूँ। यह हमारे समाज के ही सन्त महर्षि बालीनाथजी महाराज की प्याऊ है जो उनके चेले ठाकुर कल्याणसिंहजी के बेटों ने बनवाई है।''

''बैरवा!'' उसका मुँह खुला का खुला रह गया।

काफी दौड़–धूप के बाद उसे एक होटल में चौकीदार की नौकरी मिल गई। आठ सौ रुपये महीना और एक समय का खाना। आठ घण्टे की ड्यूटी। महँगाई के दौर में इनसे क्या होता, पर मजबूरी थी। थोड़ी बहुत आमदनी पर्यटकों की टिप से भी हो जाती थी। शुरु–षुरु में यह उसे भीख जैसा लगा, पर जब उसने देखा कि उसके सभी साथी टिप लेते हैं और किसी को इस पर कोई एतराज भी नहीं है, तो उसने भी अपने आपको समय के साथ ढालना सीख लिया। उसने अब पीना भी कम कर दिया था। जब पेट–पालना ही मुष्किल हो तो पीने की किसे सूझे?

बेचारी रूपकुँवर! कहाँ राजसी ठाठ–बाट की आषा सँजोए वह डोली में बैठी थी, पर उसे मिला कम पढ़ा–लिखा, अक्खड़–मिजाज, घमण्डी और नषेबाज पति। अपने नसीब को कोस कर मन ही मन वह रो लेती। करती भी क्या वह बेचारी!

एक दिन भूपति दिन की चौकीदारी करके पैदल ही घर आ रहा था। उसने होटल के आसपास ही कमरा लिया था, ताकि आने–जाने का भाड़ा बचे। उस दिन कोई पार्टी थी। उसे भी थोड़ी सी पीने को मिल गई थी। वह अपने ख्यालों में खोया सामने की दीवारों पर लगे फिल्मी पोस्टर देखता जा रहा था, अचानक एक गाड़ी ने उसे टक्कर मार दी। उसे जोर का झटका लगा और वह साईड में गिर गया। गाड़ी में कोई भलामानुष था। उसने गाड़ी रोकी। भीड़ जमा होने लगी थी। गनीमत यही रही कि उसे कही ज्यादा चोट नहीं आई। वह उठ बैठा। देखा, लालबत्ती लगी एक एम्बेसेडर को भीड़ ने घेर रखा है।

''अरे, इसने तो पी रखी है।'' अचानक भीड़ में से एक आदमी बोला।

''तभी टकरा गया।'' दूसरा बोला।

 उसे शराबी जान भीड़ धीरे–धीरे छँटने लगी थी।

मिस्टर गोठवाल, जो शासन सचिवालय में कृषि विभाग में सचिव पद पर कार्यरत थे, स्वयं गाड़ी से उतरे। उतरते ही उसकी कुषल–क्षेम पूछी, ''ज्यादा चोट तो नहीं आई।''

एक सूट–बूट पहने रौबीले आदमी को अपने सामने खड़ा देख भूपति हड़बड़ा गया। वह सुन चुका था कि भीड़ उसे शराबी समझ रही थी।

''नहीं साहब, मामूली सी खरोंच है, ठीक हो जायेगी।'' वह बोला।

''क्या करते हो ?'' उन्होने पूछा।

''मै होटल डायमण्ड में चौकीदार हूँ, साहब।''

''अच्छा! मुझे बंगले के लिए एक चौकीदार की जरुरत है। यदि तुम्हें ठीक लगे तो कभी आकर मेरे पते पर मिल लेना। हजार रुपया महीना और सर्वेन्ट क्वार्टर रहने को मिल जाएगा।''कहते हुए उन्होंने अपना विजिटिंग कार्ड दिया।

''ठीक है साहब।'' कहते हुए उसने कार्ड ले लिया।

जयपुर में रहने की बड़ी समस्या थी। दो सौ रुपये तो किराए के ही चले जाते थे। उस पर मकान– मालिक की चिक–चिक अलग। घर से होटल भी था तो दूर, लेकिन वह पैदल ही आता–जाता था। मिनिबस का किराया ही बचता था।

घर पँहुचकर उसने आज की दोनो घटनाएँ रूपकुँवर को बताई।

''देखो जी, आप अब ये पीना–वीना बन्द करो। यदि आपको कुछ हो जाता तो मैं अकेली नार यहाँ परदेस में क्या करती ? वैसे भी अब हम दो से तीन होने वाले हैं।''वह सकुचाती हुई बोली।

''सच्ची।'' वह खुषी से उछल पड़ा।

''वह कोई भला आदमी था, जिसने गाड़ी रोककर इतनी बात की। नहीं तो लोग गाड़ी भगा कर ले जाते हैं। आप कल ही जाकर मिल लो। कल आपकी छुट्टी भी है।'' वह बोली।

''हाँ, मिल ही लेता हूँ। यहाँ रोज की चिक–चिक होती है, उससे भी मुक्ति मिलेगी। फिर किराया भी इतना अधिक है कि पूछो मत। वह बोला।

अगले दिन शाम को वह मिस्टर गोठवाल के बँगले पर गया। अब तक ऐसे बँगले उसने दूर से ही देखे थे। गाँवों में हवेलियाँ जरूर थीं, पर ये नये जमाने के बँगले वहाँ कहाँ?

उसने डरते–डरते घण्टी बजाई। एक बुजुर्ग चौकीदार ने फाटक खोलते हुए पूछा, ''क्या है, किससे मिलना है भई?''

''मुझे गोठवाल साहब से मिलना है। उन्होंने कल यह कार्ड दिया था।'' उसने कार्ड निकाल कर चौकीदार को दिखाया।''

कार्ड देखकर चौकीदार नरम पड़ा, बोला, ''मैं पूछ कर आता हूँ।''

थोड़ी देर बाद वह आकर बोला, ''अन्दर चले जाओ, साहब बुला रहे हैं।''

वह आगे बढ़ा। रास्ते में गार्डन, पोर्च और डाइनिंग हॉल की सजावट देख कर उसकी आँखें फैल गईं। वह चकित था, आखिर कैसे ये लोग इतने वैभवषाली हो जाते हैं? इनके न कोई राज–पाट था न कोई जागीर। फिर ?

''आओ भूपति।'' मिस्टर गोठवाल के स्वर ने उसका ध्यान भंग किया।

''नमस्ते साहब।'' वह आवाज की दिषा में मुड़ा और हाथ जोड़कर बोला।

''नमस्ते।'' हल्की सी मुस्कुराहट के साथ उन्होनें प्रत्युत्तर दिया, ''बैठो।''

''नहीं साहब, मैं ठीक हूँ।'' डाइनिंग हॉल की सजावट देख कर वह बैठने से हिचकिचा रहा था।

''बैठो–बैठो।'' वे पुनः बोले।

वह एक सोफे पर बैठ गया।

''देखो भई। मेरे बँगले पर एक चौकीदार की जरुरत है। यदि तुम राजी हो तो कल से ही आ जाओ। अभी वाला चौकीदार कब से जाने की रट लगाए हुए है। तनख्वाह और क्वार्टर का मैंने कल ही बता दिया था। हजार रुपये महीना।''

उसे कल की बात याद आ गई।

''ठीक है साहब। मैं कब से आऊँ?''

''चाहे कल से से ही आ जाना।''

''ठीक है साहब। मैं कल से आ जाऊँगा?'' वह उठते हुए बोला।

''चाय पीकर जाना।'' वे बोले।

''नहीं साहब, मैं चाय पीकर ही चला था।'' वह बोला।

''लेकिन वह तो कब की पच गई होगी?''

उसे चाय–नाष्ता लेना पड़ा।

वापसी में उसने मन ही मन निश्चय कर लिया था कि वह कल ही यहाँ आ जायेगा। शहर में आने से वह काफी बदल गया था। कोई कह नहीं सकता था कि यह वही भूपति है जो अक्खड़–मिजाज हुआ करता था। सारा लाभ–हानि और दूसरा गणित यही कह रहा था कि उसे यहाँ आने में ही फायदा है। घर का घर और नौकरी की नौकरी। रूपकुँवर के भी दिन चढ़ने लगे हैं। ऐसे में रात–बेरात कभी उसको भी कोई सहायता की जरुरत

पड़ी तो वह संभाल सकता है। फिर बँगले में वह भी सुरक्षित ही रहेगी।

घर आया तो वह काफी उत्साहित था। सारी बात और लाभ–हानि उसने रुपकुँवर को बता दी और साथ ही यह भी कि उसने तो कल से जाने की हाँ भी कर दी है।

''पर रुप, एक बात तो मैं पूछना ही भूल गया।''

''क्या ?'' वह आषंकित स्वर में बोली।

''यही कि साहब की जाति क्या है?'' वह बोला।

''साहब ने आपसे जाति पूछी थी क्या?'' उसने प्रतिप्रष्न किया।

''नहीं।''

''तो फिर आपको किसमें जरूरत है ? इतना अच्छा काम, इतने भले इंसान मिल रहे हैं। वह तो नहीं देख रहे हैं आप जाति देख रहे हैं!! असली जाति तो इंसानियत है, बाकी सब दिखावा है।'' उसने कहा।

बात भूपति के समझ में आ गई। बँगले पर नौकरी का पक्का निष्चय कर सामान बाँध लिया।

बँगले पहुँचते ही उनको छोटी–मोटी सारी बातें समझा दी गईं। क्वार्टर दिखा दिया गया। उसकी नजर में वह किसी हवेली से कम नहीं था। बीचों–बीच लम्बा–चौड़ा आलीषान बँगला, उसके आगे और पीछे गार्डन, सामने और दायीं ओर रोड़। साईडों में काफी जगह छूटी हुई थी जिसमें अमरूद, आम, नीम और गुलमोहर के पेड़ लगे हुए थे। पीछे की तरफ कोने में दो कमरे, एक रसोई और उसी से थोड़ी ही दूर लेट–बाथ बने हुए थे। इससे अधिक उनको और चाहिए भी क्या था?

घर में गोठवाल साहब, उनके माता–पिता, मेम साहब और दो बच्चियाँ रिया और प्रिया– बस ये ही कुल छह प्राणी थे। बच्चियाँ इतनी प्यारी–प्यारी कि देखते ही वात्सल्य उमड़ आये। एक पाँच साल की तो दूसरी ढाई साल की। प्रिया की तुतली बोली सबका मन मोह लेती थी।

घर का वातावरण भी अच्छा था। मालकिन, यानि मिसेज गोठवाल एक दयालु स्त्री थीं। पहली बार मिलने पर भी उन्होंने रूपकुँवर से ऐसा व्यवहार किया, मानो वे एक–दूसरे से बरसों से परिचित हों। मितभाषी, सुन्दर और दयालु।

शाम को ड्यूटी खत्म करके भूपति आया तो घर की कायापलट हो चुकी थी। दिन भर में रूपकुँवर ने घर की साफ–सफाई कर उसे धो दिया था। अब घर चमक गया था।

चाय पीते समय रूपकुँवर ने उसे एक राज की बात बताई। वह यह कि मिसेज गोठवाल भी माँ बनने वाली हैं।

दिन गुजरते गये। भूपति और रूपकुँवर को यहाँ सुखी और खुष थे। भूपति फाटक पर ही रहता तो वह समय काटने के लिए काम–धाम निपटाकर बँगले की ओर ही चली आती। वहाँ माँजी, यानि मिस्टर गोठवाल की माताजी और बीबीजी, यानि मिसेज गोठवाल का काम–काज में हाथ बँटा देती। तीनों ही आपस में घुल–मिल गई थीं। उसने यहाँ आकर देखा कि इंसान एक दूसरे के कैसे काम आ सकते हैं? कभी किसी ने

जात–पाँत नहीं पूछी न कोई ऐसी बात की जिससे उसका दिल दुखे।

समय बीतता गया। उसे लड़का हुआ। डिलीवरी सामान्य ही थी, लेकिन मिस्टर गोठवाल ने जोर देकर भूपति को अस्पताल में ही डिलीवरी करवाने को कहा। ऐसे समय में माँजी और बीबीजी ने काफी मदद की। यहाँ उनके अलावा उनका था भी कौन? मिस्टर गोठवाल तो इतने खुष हुए कि छोटे बच्चे के लिये पहले दिन ही खिलौने, कपड़े, झूला आदि ले आए।

रूपकुँवर के मायके से उसकी माँ और ससुराल से ननद आई थीं। उन्होनें बार–बार जानना चाहा कि साहब किस जाति के है? उसने साफ तौर पर अपनी अनभिज्ञता जाहिर कर दी, पर फिर भी कहा कि शायद बैरवा हो सकते हैं क्योंकि एक बार उसने सफाई करते समय बैरवा ज्योति नामक पत्रिका देखी थी तथा बैठक में भी एक सन्त की तस्वीर लगी है जिस पर बैरवा सन्तषिरोमणी महर्षि बालीनाथजी महाराज लिखा हुआ है। इनसे यही अन्दाज लगाया। फिर उसने उन दोनों को समझाया कि यहाँ जाति का ढोल पीटने से क्या हासिल होगा ? अच्छी–भली नौकरी हाथ से निकल जायेगी और अब गाँव में इतना कुछ नहीं है कि ढंग से रह सकें। परिस्थितियों को देखते हुए वे इस मामले पर चुप ही रहीं और दस–पन्द्रह दिन रुक कर चली गईं।

बच्चे का नाम गजेन्द्रसिंह रखा गया। प्यार से सब उसे गज्जू कहते थे। वह इतना प्यारा था कि घर–भर के लोग उसे खिलाने को लेकर लड़ते–झगड़ते। रिया और प्रिया तो इसी बात को लेकर लड़ती–झगड़ती कि किसने

उसे अधिक खिलाया? रिया तो स्कूल जाने में भी आनाकानी करती, जबकि प्रिया का ध्यान न रखें तो वह उस नन्हे बालक को चॉकलेट, पूड़ी और जो भी उसके हाथ लगे वही खिला दे। महीने-भर का होते-होते गज्जू का सारा समय बँगले पर ही गुजरने लगा। रूपकुँवर घर के काम-धाम निपटाकर वहीं आ जाती। माँजी की सलाह और अनुभव उसके बहुत काम आते।

समय अपनी रफ़्तार से चलता जा रहा था।

गज्जू डेढ़-दो महीने का रहा होगा, तभी मिस्टर गोठवाल को भी पुत्र सुख मिला। पूरा बँगला जैसे खुषी से फिर झूम उठा। खूब घूम-धड़ाका हुआ। बधाईयाँ दी गईं। जलवा पूजन के दिन तो शादी जैसा माहौल था। धड़ाके वाली बन्दूक दागी गई।

अब गज्जू के साथ एक और नन्हा-मुन्ना आ गया। दोनों ही बालकों की किलकारियों से बँगला चहक उठा था। रिया और प्रिया के झगड़े कम हो गये थे। दोनों ने एक-एक भैया अपने नाम जो कर लिया था।

एक परेषानी जरूर थी। मिसेज गोठवाल के दूध कम उतरता था। दोनों बच्चियों के समय भी यही परेषानी थी। वे दोनों ही बोतल के दूध पर पली थीं। इस बार भी यह समस्या तो थी, लेकिन अभी तक बोतल नहीं लगाई थी।

सर्दी के दिन थे। दोपहर का समय था। गुनगुनी धूप फैली थी। मिसेज गोठवाल नहाने गई थी। गज्जू और छुटकु लॉन में अपने-अपने झूलों में सो रहे थे। रूपकुँवर पास ही बैठी मटर छील रही थी। अचानक छुटकु जाग गया और रोने लगा। रूपकुँवर ने उसे गोदी में लेकर दुलारना शुरू कर दिया, पर वह चुप नहीं हुआ। उसके

रुदन ने गति पकड़ ली, शायद भूखा था। भूख का कारण वह जानती थी।

माँ तो माँ होती है। ऐसी हालत में जब कोई बच्चा भूख से बिलख रहा हो, वह अपना–पराया नहीं सोचती। उसने उसका मुँह अपने दूध से लगा दिया। वह चुप होकर जल्दी–जल्दी दूध पीने लग गया।

अन्धा क्या चाहे–दो आँखें। दरअसल छोटे बच्चों को कौनसा धन जोड़ना होता है। उन्हें समय पर उनका भोजन मिल जाये और उनकी माँ कहीं नहीं जाए, यही बहुत है इन नन्हे बादषाहों के लिए।

अभी उसे दूध पीते दो मिनिट भी नहीं हुए थे कि बाथरूम का दरवाजा खुला और मिसेज गोठवाल बाहर निकली। उसने हड़बड़ा कर छुटकु के मुँह से दूध निकाला और कपड़े ठीक करने लगी। मिसेज गोठवाल ने उसे दूध पिलाते देख लिया था। शायद छुटकु अभी भूखा था, सो ज्योहीं दूध हटा, वह फिर रोने लग गया।
''क्या हुआ?'' मिसेज गोठवाल ने पूछा।
''बीबीजी, वो छुटकु बाबा जोर–जोर से रो रहे थे, किसी तरह चुप ही नहीं हो रहे थे सो मैंने.....''कहते कहते वह रुक गई।

''अपना दूध पिला दिया। यही न। इसके लिये शरमाना क्यों ? यह तो अच्छा ही किया। एक नन्हे बालक की भूख मिटाई। मुझे देख, मैं कितनी कोषिष करती हूँ पर मेरे उतना दूध उतरता ही नहीं, मैं मजबूर हूँ। माँ होकर भी अपने लाडले का पेट नहीं भर सकती।'' कहते कहते उनकी आँखें सजल हो गईं।

रूपकुँवर चुपचाप खड़ी थी छुटके को गोदी में लिये जो अभी भी उसके दूध के आसपास मुँह घुमा रहा था।

फिर थोड़ा संयत होकर वे बोली,''कुँवर, यदि बुरा नहीं माने तो कभी–कभी छुटकु को भी दूध पिला दिया कर। हम पर तेरा अहसान रहेगा। किसी तरह पल जायेगा। रिया और प्रिया को तू देखती ही है, बेचारी दोनों बोतल का दूध पीकर पली हैं। कितनी कमजोर हैं।''
''बीबीजी, यह भी कोई कहने की बात है, इससे तो मुझे पुण्य ही मिलेगा। पर मेरी एक बात माननी होगी।'' वह बोली।

मिसेज गोठवाल आषंकित हुई। शायद भूपति की तनख्वाह बढ़ाने को कहे या कुछ और! बोलीं, ''कहो''
''मैं बदले में कुछ नहीं लूंगी और आप मुझे रूपकुँवर–रूपकुँवर बोलती हैं, मुझे थोड़ा अजीब–सा लगता है। इसके बजाय कुँवर ही बोल दें तो अच्छा लगेगा।'' वह बोली।
''खोदा पहाड़ निकली चुहिया। मैं तो न जाने क्या–क्या सोच रही थी। यह भी कोई कहने की बात है कुँवर ? कहीं तुम नाराज न हो जाओ, इसीलिए मैं तुम्हारा पूरा नाम पुकारती थी। इससे तो मुझे भी आसानी होगी।'' वे बोली।

––––––––––

समय पंख लगा कर उड़ता गया। दोनो बच्चे षिषु से किषोर और फिर जवान हो गये। उस समय के जवान प्रौढ़ हो गये। बुजुर्ग और बुजुर्ग हो गये।

इस समय में किसी को यह अहसास नहीं हो पाया कि गजेन्द्र और महेन्द्र (कल का छुटकु) दोनों भाई–भाई हैं या

अलग–अलग। मिस्टर गोठवाल ने दोनों की परवरिष ही ऐसी की थी दोनों साथ–साथ आगे बढ़ते गये जैसे रेल की पटरियाँ। पढ़ाई–लिखाई के मामले में वे सख्त थे तो सहायता करने में दयालु भी। उन्होंने कभी दोनों बच्चों में कोई भेद नहीं किया। दोनों के लिए समान षिक्षा–दीक्षा के अवसर दिये। महेन्द्र ने भी कभी भूपति और रूपकुँवर को परिवार से अलग नहीं माना। रूपकुँवर को तो उसने माँ का ही दर्जा दिया। वहीं गजेन्द्र के लिये माँ–बाप से बढ़कर थे गोठवाल दम्पत्ति। एक का पालन–पोषण रूपकुँवर ने किया था तो दूसरे की जिन्दगी मिस्टर गोठवाल ने बना दी थी। दोनों ही परिवार बिना कहे, बिना बताये यह जानते और मानते थे।

आज आर ए एस का परीक्षा परिणाम आया है। गजेन्द्र और महेन्द्र दोनो ही सामान्य श्रेणी में चयनित हुए हैं। सही मायनों में आज मिस्टर गोठवाल ने दूध का दाम चुकाया था। वैसे तो दूध का दाम कोई भी चुका नहीं सकता है, परन्तु इस तरह उन्होनें महेन्द्र के साथ साथ उसके दूध–भाई गजेन्द्र की भी जिन्दगी बना दी थी–विद्या दान, षिक्षादान और अभयदान देकर।

शाम का समय था। रूपकुँवर चष्मा लगाये कोई पुस्तक पढ़ रही थी। एक कहानी पढ़ कर उसने घृणा से मुँह बिचकाया और बिना बंद किए ही उसे पलंग पर रख दिया।

'इससे तो मेरी खुद की कहानी कितनी अच्छी है।' वह बुदबुदाई।

तभी गजेन्द्र माँ–माँ कहता कमरे में आया। देखा, माँ कुछ सोच रही है और पलंग पर पुस्तक खुली पड़ी है।

उसने पुस्तक उठा कर देखा, तो पन्ने पर लिखा था, दूध का दाम—मुन्षी प्रेमचन्द।

———————————

18. मानवता जिंदा है

''षाकिर की तबीयत नासाज़ है, उसे अस्पताल में दिखाना होगा।'' तैयब ने अभी ऑटो खड़ा कर बन्द भी नहीं किया था कि दरवाज़े की ओट से शरीफ़न की आवाज़ सुनाई दी।

चाबी निकालते हुए वह घर में घुसा तो षरीफ़न चुपचाप उसे कमरे में ले गई। छोटे से कमरे में घर–गृहस्थी का सामान करीने से जमा हुआ था। कोने से लगी चारपाई पर शाकिर निष्चेष्ट लेटा हुआ था।

''क्या हुआ मेरे राजा बेटा को ?'' तैयब ने कमरे में घुसते ही कहा।

शाकिर ने बमुष्किल आँखें खोली। बेबसी से उसकी ओर देखकर बोला, ''अब्बा, मेरे बहुत दर्द हो रहा है।''

''कहाँ बेटा ?'' उसने प्यार से उसके सिर पर हाथ फेरते हुए कहा।

''यहाँ, और मेरा जी भी मिचला रहा है, मुझे कुछ भी अच्छा नहीं लग रहा है।'' उसने कमर के पास हाथ लगाते हुए कहा।

''अभी डॉक्टर साब को दिखा लाते हैं राजा बेटा को, फिर दर्द नहीं होगा।'' फिर शरीफ़न से मुखातिब होते हुए बोला, ''तुम कपड़े बदल लो। षाकिर को लेकर बैठ जाना। हम अभी अस्पताल चलते हैं।''

वे दोनों झटपट तैयार हो अस्पताल को रवाना हो गये। डॉक्टर ने शाकिर की जाँच की और कुछ जाँचे करवाने को कहा।

''मेरा बेटा ठीक तो हो जायेगा न डॉक्टर साहब ?'' वह लगभग हाथ जोड़ते हुए बोला।

''ऐसी कोई खास बात तो नहीं है, लेकिन पहले जाँचें करवा लो, तभी कुछ कहा जा सकता है।'' डॉक्टर ने कहा।

जाँचें करवाते–करवाते शाम के सात बज गये।

उनकी रिपोर्ट को लेकर वह दुबारा डॉक्टर के पास गया।

रिपोर्ट देखकर डॉक्टर खामोष हो गया। उसे चुप देखकर वह बोला, ''आप ऐसे चुप क्यों हैं डॉक्टर साब ? शाकिर ठीक तो हो जायेगा ना?''

''हाँ, हाँ, क्यों नहीं, लेकिन इसको अभी भर्ती करना पड़ेगा।'' डॉक्टर कुछ सोचते हुए बोला।

''भर्ती!''

''हाँ, इससे इसकी देखभाल भी ठीक ढंग से हो जायेगी और जरूरत पड़ने पर दूसरे डॉक्टर भी तुरन्त देख लेंगे।'' डॉक्टर ने कहा।

तैयब दिन भर मज़दूर की भाँति ऑटो चलाता था। घर की हालत पतली थी। फिर भी क्या करता! इलाज तो करवाना था। बारह–तेरह साल का पाला–पोसा बेटा है।

भर्ती का टिकट बनवा, शरीफ़न को दिलासा दे वह घर चला। झटपट घर से जरूरी सामानों की गाँठ बाँध ऑटो में रख वह अस्पताल रवाना हो गया। घर पर बूढ़े माँ–बाप रह गये।

दरअसल शाकिर की तबीयत एक–दो दिन से खराब थी। आमतौर पर जैसा कि घरों में होता है, शुरु–षुरु में ध्यान नहीं दिया गया। आज तीसरा दिन था। उसे अस्पताल में भर्ती कराना पड़ा।

''इसे हुआ क्या है डॉक्टर साहब ?'' सब काम निपटाकर वह डॉक्टर के सामने खड़ा था।

''देखो, हम कुछ छिपाना नहीं चाहते। बीमारी गम्भीर है, लेकिन समय पर सही और पूरा इलाज मिल जाये तो यह बच जायेगा। दरअसल इसकी किडनी खराब हो गई है और खून में भी इंफेक्षन है। इसके लिए.''...डॉक्टर बोलते जा रहे थे और वह संज्ञाषून्य होकर सुनता जा रहा था, मषीन की तरह। उसके इकलौते लाल को कुछ हो गया तो क्या होगा? तीन भाईयों में से दो के केवल लड़कियाँ। उसके भी तो दो लड़कियों के बाद शाकिर हुआ था, बड़ी मन्नतों से।

उसका दिल बैठा जा रहा था।

————————

शहर क्या, पूरे राज्यभर में डॉक्टरों की हड़ताल चल रही है। वे सरकार के सामने अपनी कुछ माँगें लेकर गये थे, परन्तु बात नहीं बनीं। सरकार ने काम पर लौटने को कहा, पर वे टस से मस नहीं हुए। सरकार ने सख़्ती करनी शुरु कर दी। हर शहर में उनकी धर-पकड़ हो रही है, लेकिन वे अपनी माँगों को लेकर अड़िग हैं, सरकार अपनी जिद पर। इन दोनों के बीच में मरीज पिस रहे हैं, जनता मारी जा रही है। प्रदेष भर में अब तक 60 मौतें डॉक्टरों की हड़ताल के चलते हो चुकी हैं। लेकिन मज़ाल जो दोनों में से कोई भी झुका हो। किसी के घर का इकलौता चिराग इस आँधी में बुझ गया तो किसी का सुहाग उजड़ गया। किसी घर का इकलौता कमाने वाला चला गया तो किसी की माँ, किसी की बहिन तो किसी की बेटी सदा के लिए बिछुड़ गई। हर आदमी भयभीत है।

ऐसे में सब यही दुआ कर रहे हैं कि इस दौर में किसी को डॉक्टर के पास जाने की नौबत न आने पाये।

तैयब ने किसी तरह पैसों का तो इन्तज़ाम कर लिया, लेकिन डॉक्टरों का क्या करे ? हड़ताल के चलते कोई भी डॉक्टर मरीजों को सम्भालने को तैयार नहीं हो रहे हैं। अभी तक तो उसे प्राईवेट अस्पताल के डॉक्टरों ने सम्भाला हुआ था, लेकिन घूम–फिर कर ये उसे जो बता रहे हैं उसका मतलब यही निकल रहा है कि शाकिर को किसी बड़े सरकारी अस्पताल में दिखाना पड़ेगा। पर कहाँ ? इसका जवाब हड़ताल के चलते किसी के पास नहीं था। सरकारी अस्पतालों में भी प्राईवेट डॉक्टर ही मरीजों को देखने आ रहे हैं।

 उसका मन शाकिर को लेकर बेचैन हो उठा। कितनी मन्नतों, पीर–फकीरों की देहली पर सर पटकने के बाद यह बालक उसके घर आया था। मुहल्ले भर में खुषियाँ मनाई थीं। अपनी हैसियत से बढ़कर उसने पैसा खर्च किया था। फिर जब शाकिर अपनी तुतलाती जबान से घर मोहल्ले के लोगों का दिल बहलाता तो उसका मन करता कि उसे उठा कर अपने कलेजे में छिपा ले। किसी की नजर न लग जाये उसे। आज क्या वही शाकिर बिना इलाज के उसे छोड़ जायेगा!! जिस बच्चे को उसने फूल की तरह पाला, आज उसकी हालत देख वह मन ही मन खून के आँसू रोता था।

    जिसका उसे डर था, वह घड़ी आखिर आ ही गई। इस अस्पताल के डॉक्टर ने उसे कह दिया कि अब यहाँ से शाकिर को रैफर करना पड़ेगा, यहाँ उसका इलाज नहीं हो पायेगा। बड़े सरकारी अस्पताल में ले जाओ।

''पर डॉक्टर साहब, वहाँ तो डॉक्टर हड़ताल पर हैं, वहाँ इसे कौन देखेगा?'' वह बोला।

''देखो, वहाँ इमरजेंसी में सब व्यवस्था है। जो मषीनें वहाँ पर हैं, वे यहाँ पर मौजूद नहीं है।'' कहते हुए उन्होनें रैफर कार्ड बना दिया।

वह स्तब्ध–सा डॉक्टर को जाते देखता रहा। स्ट्रेचर पर शाकिर को लेटाया जा रहा था। एक नर्स और एक वार्ड ब्वाय स्ट्रेचर को ढकेलते हुए गैलेरियों से मेन गेट की तरफ ले जा रहे थे। बाहर एम्बुलेंस में शाकिर को लेटा दिया गया। एम्बुलेंस चल पड़ी। पीछे–पीछे ऑटो को लेकर वह भी रवाना हो गया।

बड़े अस्पताल में हालत और भी खराब थे। कई मरीज अस्पताल छोड़कर जा चुके थे या जा रहे थे। केवल ऐसे ही मरीज यहाँ पर बचे थे जो पूरी तरह लाचार थे, महँगा प्राईवेट इलाज नहीं करवा सकते थे या जिनको प्राईवेट अस्पतालों ने रैफर कर दिया था।

तैयब के समझ में नहीं आ रहा था कि वह क्या करे ? शाकिर की हालत बिगड़ती जा रही थी और डॉक्टरों की हड़ताल टूटने का नाम नहीं ले रही थी।

भर्ती किये जाने के बाद से केवल एक बार नर्स उसे देखने आई थी। उसने इषारे में समझाया था कि शाकिर को तुरन्त दिखाना जरूरी है। कुछ दवाई–गोली लिख दी थी जो वह जाकर ले आया था और बताये अनुसार खुराक शाकिर को दे दी थी।

वह वार्ड में शरीफ़न को छोड़कर थोड़ी देर तनाव दूर करने बाहर अहाते में आ गया। वह सोच रहा था कि आखिर करे तो क्या करे! डॉक्टरों की हड़ताल टूट नहीं

रही है और शाकिर की तबीयत बिगड़ती जा रही है। अचानक उसकी नजर सीएमओ की नेमप्लेट के पास लिखी इस इबारत पर पड़ी–

''मैं, पीड़ा हरने वाले, आँसुओं को पोंछने वाले, तत्काल निरोगी करने वाले और रामबाण औषधि सृजित करने वाले अपोलो की शपथ लेता हूँ कि अपनी सम्पूर्ण क्षमताओं के साथ रोगी के कष्ट हरने को तत्पर रहूँगा। मैं जिस किसी भी घर में प्रवेष करता हूँ या कोई मेरे पास आता है तो इसका मकसद मेरे रोगियों की भलाई ही होगी। मैं शपथ लेता हूँ कि अपने आपको सभी तरह की दुरेच्छाओं से दूर रखूँगा और कभी किसी रोगी का बुरा न तो सोचूँगा और न ही, जहाँ तक मेरा सामर्थ्य है, होने दूंगा।''

'यह क्या है, अस्पताल में इसका क्या काम ? मगर लिखा बहुत अच्छा है। जैसा इसमें लिखा है, वैसा अगर डॉक्टर सोच लें तो मरीज़ों की हालत इतनी खराब न हो। आजकल तो डॉक्टर बस पैसों के पीछे भागते हैं। मरीजों के दुख–दर्द से उनका क्या वास्ता ? नहीं तो मेरे शाकिर की हालत इतनी खराब न हुई होती।' उसने सोचा।

अचानक वहाँ से एक नर्स गुजरी। उसने हिम्मत करके पूछा, ''सिस्टर, यह क्या है ?''

नर्स ने उसे ऊपर से नीचे तक देखा और कहा, ''यह हिप्पोक्रैटिक ऑथ या शपथ है। जब हम, यानि डॉक्टर, नर्स आदि इलाज करना शुरु करते हैं तो यह शपथ जरूर लेते हैं। ऐसा सैंकड़ों साल से चला आ रहा है।'' बताकर वह तुरन्त चली गई।

तैयब सोचने लगा, 'क्या वास्तव में ऐसा है ? काष, मेरे शाकिर को भी कोई ऐसी ही प्रतिज्ञा लेने वाला डॉक्टर देख ले।'

''तुम यहाँ खड़े–खड़े जाने क्या सोच रहे हो और उधर शाकिर की तबीयत बिगडती जा रही है।'' उसने पलट कर देखा, शरीफ़न दौड़ती–हाँफ़ती उसकी और आ रही है।

''क्या ???'' वह उसके साथ वार्ड की ओर भागा।

''डॉक्टर कह रहे हैं कि इसे जयपुर ले जाना पड़ेगा।'' वह एक ही साँस में कह गई।

वार्ड में शाकिर के बेड के पास डॉक्टर और नर्स खड़े थे। तैयब वहाँ हाथ बाँध कर खड़ा हो गया।

''मेरा बेटा ठीक तो हो जायेगा ना डॉक्टर साहब!! एकदम इसे क्या हो गया?'' वह बदहवास–सा बोला।

''देखो, इसकी कंडीषन यहाँ नहीं सुधर रही है। आप इसे जयपुर ले जाओगे तो फायदे में रहोगे, या डॉक्टर सिंह देख लें तो और भी अच्छा रहेगा। ये उनका पता है।'' एक पर्ची देते हुए वे बोले।

तैयब स्तब्ध रह गया। ऐसे वक्त पर अस्पताल से ले जाने को कह रहे हैं!! किन्तु वह लाचार था। क्या करता ?? उसने तुरन्त अपना सामान समेटा और ऑटो से डॉक्टर सिंह के घर की ओर रवाना हो गया।

डॉक्टर सिंह घर पर नहीं मिले। पता चला वे हड़ताल में शामिल हैं और कलेक्ट्रेट के बाहर धरने में बैठे हैं। मरता क्या न करता, उसने ऑटो को कलेक्ट्रेट की ओर घुमाया।

वहाँ का नज़ारा ही कुछ और था। सभी डॉक्टर इकट्टे होकर नारेबाजी कर रहे थे। किसी तरह भीड़ को चीरते

हुए वह डॉक्टर सिंह के पास पँहुचने में सफल हो गया। उसने अपनी सारी बात बहुत ही मार्मिक ढंग से उनको बताई, पर वे टस से मस नहीं हुए। जो बात तैयब के लिए अतिगम्भीर थी, वह उनके लिये बेहद मामूली थी। इस तरह के कई केस रोज ही उनके पास आते थे। उनका एक ही जवाब था,''हड़ताल चल रही है, अभी हम कुछ नही कर सकते, मरीज भी नहीं देख सकते, तुम हड़ताल के बाद आना।''

''डॉक्टर साब, हड़ताल के बाद!! इसे तो एक–एक पल भारी पड़ रहा है। कहीं मेरा बेटा मुझसे......'' आगे के शब्द उसके गले में ही रह गये।

''देखो भई, तुम समझने की कोषिष करो। अभी इस हड़ताल के कारण हम एक भी मरीज को नहीं देख सकते।'' वे बोले। कहकर वे अन्य डॉक्टरों से बातें करने में मषगूल हो गये।

अन्तिम हथियार के तौर पर तैयब ने डॉक्टर के पैरों में झुक कर सज़दा कर दिया, पर डॉक्टर ने कोई ध्यान नहीं दिया। पसीजते भी कैसे, कभी खुद पर कभी गुजरी हो तो पराई पीड़ा को समझते!!

संसार इतना कठोर और निर्दयी भी हो सकता है, इसका अन्दाज तैयब को आज हुआ। वह धीरे से उठा, आँसुओं से भरी एक लाचार, बेबस, लेकिन दृढ़ता भरी नजर, जिससे आँखें मिलाने की हिम्मत कोई नहीं कर सकता, जो संसार को आँसुओं में डुबाने की हिम्मत रखती हो और जिसमें डॉक्टर के लिये सर्वनाष की कामना के अलावा कुछ न हो, सारे डॉक्टरों पर डाली और कुर्ते की

बाँह से ही आँसुओं को पोंछते, अपनी रुलाई छिपाते वापस ऑटो में आकर बैठ गया।

उसने ज्योंही ऑटो स्टार्ट करके घुमाया, शरीफ़न के क्रन्दन से ऑटो की आवाज दब गई। वह समझ गया, उसकी दुनियाँ उजड़ गई है, पंछी पिंजरा छोड़कर जा चुका है।

————————

इस घटना को कई साल बीत गये। तैयब शहर छोड़कर कस्बे में आ बसा था जहाँ उसका पुश्तैनी घर था, थोड़ी–बहुत जमीन थी।

वह अब भी ऑटो ही चलाता था। आमदनी कम जरूर थी, पर जमीन होने से घर चल जाता था। अपनों का साथ था, अधिक आमदनी का वह करता भी क्या?

उस दिन पूरे बारह घण्टे हो गये थे रोड़ को जाम किए हुए। यह जाम कस्बे के लोगों ने लगा रखा था। कोई वाहन जाम को पार नहीं कर पा रहा था। लोग कीकर के लट्ठ लिये मुस्तैदी से खड़े थे। कारण था हाईवे पर चलने वाले वाहनों में से किसी ने कस्बे के एक युवक को कुचल कर घायल कर दिया था जो रात को खेत की रखवाली कर भोर के समय गाँव लौट रहा था। उसे शहर के अस्पताल में भर्ती करवा दिया गया था, लेकिन उसकी हालत गम्भीर थी। अज्ञात वाहन को पकड़ने और घायल के मुआवजे की माँग को लेकर ही ग्रामीणों ने रोड़ जाम कर रखा था।

बदहवास डॉक्टर सिंह भीड़ में इधर से उधर दौड़ रहे थे, लेकिन उनकी बात कोई नहीं सुन रहा था। उन्हें यहाँ नियुक्त हुए अभी महीना भर ही हुआ था कि आज यह

दुर्घटना हो गई। उनका नौ साल का लड़का पतंग उड़ाते समय छत से नीचे गिर गया और तब से उसे होष नहीं आया था। वे खुद डॉक्टर थे, परन्तु इस देहात में न तो वे दवाईयाँ थीं और न ही वे साधन जो बच्चे के इलाज के लिये जरूरी थे। सब तरफ एक ही जवाब था, जब तक कलेक्टर–एसपी खुद आकर बात नहीं करेंगे, तब तक जाम नहीं खुलेगा।

उनका दिमाग काम नही कर रहा था कि वे क्या करें ? खुद की गाड़ी भी शहर के गैराज़ में खुली पड़ी थी। इकलौता बेटा, उनके जीवन का आधार, पर क्या करें, कुछ समझ नहीं पा रहे थे।

अचानक उन्होंने अपने कन्धे पर किसी का हाथ महसूस किया। पलट कर देखा–एक चालीस–पैंतालीस साल का अधेड़ खड़ा था।

वे अचकचा कर बोले, ''क्या है भाई? कोई काम है?'' उन्हें लगा कभी इस चेहरे को देखा है।

''नहीं डॉक्टर साहब, आप परेषान लग रहे थे, अतः यूँ ही पूछ लिया था।'' वह बोला।

डॉक्टर सिंह ने अपनी सारी परेषानी उससे कह दी। अचानक उसकी आँखों से आँसुओं की झड़ी लग गई।

डॉक्टर सिंह ने कहा, ''क्या हुआ आपको, आप ठीक तो हैं, मेरा दुख जानकर आपके आँसू क्यों आ गये?''

''कुछ नहीं साहब, आप नहीं समझेंगे। खैर मैं कुछ करता हूँ।''

''भला आप क्या कर पायेंगे, देख नहीं रहे यहाँ परिन्दा भी इधर से उधर नहीं हो पा रहा है। ऐसे में हम मयूर को

लेकर शहर कैसे जा पायेंगे?'' उन्होनें अविष्वास और लगभग उपेक्षा से कहा।

''आप चलिये तो सहीं साहब, मेरे पास ऑटो है। कस्बे से बिलकुल अलग दूर दक्षिण में स्कूल के पास ही मेरा घर है। वहीं आपका दवाखाना भी है। वहाँ से ऑटो को कुछ कच्चे खेतों से ले जाना पड़ेगा, फिर यही सड़क आ जायेगी जो शहर के अस्पताल तक पँहुचा देगी।'' वह बोला।

डॉक्टर सिंह के पास और कोई चारा भी न था सिवाय उसकी बात मानने के। वे यंत्रवत् उसके साथ चलते गये। तैयब ने घर से ऑटो लिया। टंकी एक दिन पहले ही फुल करवाई थी, सो चिन्ता नहीं थी। डॉक्टर सिंह के घर से मयूर को लिया, जो अचेत था। वहाँ उनकी पत्नी गमग़ीन और उदास बैठी थी। उसे वह दृष्य याद आ गया, जब शरीफ़न ठण्डे पड़े शाकिर पर बुक्का फाड़ कर रो रही थी। उसे एक क्षण के लिए लगा कि शरीफ़न और शाकिर हँस रहे हैं और मिसेज सिंह बदहवास हो रो रही है, मयूर की लाष नीचे रखी है और डॉक्टर सिंह संज्ञाषून्य चुपचाप खड़े हैं।

उसने अपने दिमाग से ऐसे वाहियात ख्याल को तुरन्त झटक दिया–'इस वक्त ऐसा सोचना भी गुनाह है।' ऐसा सोच ऑटो स्टार्ट कर वह जाम से दूर, कच्चे खेतों में उसे आड़ा–टेढ़ा चलाता शहर की ओर बढ़ रहा था। इतनी सावधानी और इतनी तेजी से उसने ऑटो कभी नहीं चलाया था। जरा–सी असावधानी से टायर पंक्चर हो सकता था और जरा सी देरी मयूर की जान ले सकती थी।

शहर के अस्पताल में डॉ. सिंह को सब जानते ही थे। हाथों–हाथ उसका इलाज शुरु हो गया। तैयब वहीं रुका रहा।

करीब तीन घण्टे बाद शाम को छह बजे के आसपास मयूर को होष आया। डॉ. सिंह की जान में जान आई।

तभी उनको ऑटो वाले की याद आई। अस्पताल में घुसने के बाद उसका उन्हें ध्यान ही नहीं रहा था। वे बाहर की तरफ लपके। तैयब पोर्च में ही चहलकदमी करता मिल गया।

''तुमने आज मेरा बहुत साथ दिया, भाई। तुम नहीं होते तो आज मेरा बेटा मेरे हाथ से निकल जाता। तुम्हारा बहुत– बहुत धन्यवाद।'' कहते हुए उन्होनें कुछ नोट उसको देने चाहे।

''इन रुपयों का मैं क्या करुंगा साहब, जब कोई खाने वाला ही नहीं बचा है? यही खुषी की बात है कि भैया जी को होष आ गया है।'' कहते–कहते उसकी आँखें भर आईं। ''डॉक्टर साहब, यदि देना है तो मेरे शाकिर को मेरी झोली में डाल दीजिये।'' कहते–कहते उसने कुर्ते की झोली बना कर डॉ. सिंह के सामने पसार दी।

वे अवाक् रह गये। मामला क्या है, यह उनके समझ में नहीं आ रहा था।

''डॉक्टर साहब, एक दिन मैं भी रोता–बिलखता आपकी चौखट पर आया था। आपने मेरी आरजू नहीं सुनी। तब डॉक्टरों की हड़ताल चल रही थी। लेकिन दुर्घटना या बीमारी यह तो नहीं देखती कि अभी डॉक्टरों की हड़ताल है, अभी नहीं होना है। मेरा इकलौता लाल, मेरे घर का चिराग आपकी उस हड़ताल की भेंट चढ़ गया, डॉक्टर

साहब। मेरे शाकिर को निगल गई वो हड़ताल, डॉक्टर साहब।'' कहते–कहते उसकी रुलाई फूट पड़ी।

उनके सिर में धमाका–सा हुआ! सब बातें उनके दिमाग में सिनेमा की रील की तरह आने लगी। 'हाँ, बिलकुल यही रहे होंगे, तब ये अपने बेटे की जान बचाने के लिए मेरे पास आये थे और मैंने, जिसने कभी हिप्पोक्रेटिक ऑथ, 'मैं, पीड़ा हरने वाले, आँसुओं को पोंछने वाले.........' ली थी, हड़ताल का बहाना लेकर उस बेचारे को एक नज़र देखा तक नहीं था। वह इनका ही बेटा था!! आज इन्होनें अनेक मुसीबतें उठा कर भी मेरे बेटे को बचाया है। ओह!! धन्य हैं ये।'

वे यह सब सोच ही रहे थे कि ऑटो के स्टार्ट होने की आवाज से उनका ध्यान उधर गया। तैयब ऑटो लेकर जा चुका था।

———

19. पार्सल

देहात का छोटा–सा स्टेषन था–मालीपुरा। वहाँ कोई खास भीड़ नहीं रहती थी। पूरे दिनभर में कुल चार यात्री गाड़ियों का ही ठहराव होता था। वो भी मात्र दो–दो मिनिट के लिये। इस समय ही वहाँ थोड़ी–बहुत चहल–पहल रहती थी, बाकी समय शान्ति पसरी रहती थी। अधिकतर गाड़ियाँ ग्रीन सिग्नल पाकर बिना रुके ही निकल जाती थीं। इसके अलावा कभी–कभार उधर से जाने वाली कोई मालगाड़ी सन्नाटे को चीरती थी। कुत्ते, गायें और अन्य लावारिस पशु इधर–उधर विचरण करते रहते थे। काम कुछ अधिक नहीं होने के कारण जो भी कर्मचारी थे, खाली समय में स्टेषन से कॉलोनी चले जाते थे, जो पास में ही थी।

रामानन्द इसी स्टेषन पर बुकिंग क्लर्क थे। मृतराज कर्मचारी के कोटे से लगे थे। उनके पिता भी यहीं बीस साल नौकरी करने के बाद अचानक हृदयाघात से चल बसे थे। बेचारे बड़े भले आदमी थे। खान–पान और व्रत–त्योहार का बड़ा ध्यान रखते थे। उनकी उम्र कुछ अधिक नहीं थी, पर गुटखा–तमाखू और भाँग की आदत के कारण जल्दी ही परलोक सिधार गये। यह उनकी खानदानी आदत थी। पक्के षिवभक्त थे। कोई इस बारे में कहता तो सारा भार षिव–षम्भू पर डाल मुक्त हो जाते थे। रामानन्द पहले चपरासी बने, फिर बाबू। काम कोई अधिक नहीं था। कभी–कोई सामान उतरता–चढ़ता तो उसका रिकार्ड रखना होता था और सही गाड़ी में चढ़वाकर गन्तव्य स्थान पर भिजवाना होता था। इसी प्रकार आये हुए सामान की खबर पानेवाले तक पहुँचा देते

थे ताकि आकर अपना सामान ले जाये। भजन–पूजन में उनका मन रमा रहता था। सदैव कुछ न कुछ गुनगुनाते रहते थे।

————————

गर्मियों की दुपहरी थी। चारों तरफ सन्नाटा था। लू चल रही थी। रुक–रुक कर साँय–साँय की आवाजें सन्नाटे के साथ–साथ बदन को भी चीरती जाती थीं। आज काम कुछ अधिक था। रामानन्द और उनका सहायक रामनारायण उतारे हुए सामान को रजिस्टर में चढ़ाकर माल गोदाम में रख रहे थे। दोनों पसीने से तर–बतर। उस पर गर्मी।

अचानक हवा के एक झोंके ने उनकी नाक को देसी घी की सुगन्ध से भर दिया। दोनों ने विस्मित नैत्रों से एक–दूसरे की ओर देखा। इस वीराने में देसी घी की खुषबू!! दोनों ही इसका स्रोत ढूंढने में लग गये। रामनारायण ने बाजी मार ली। एक कनस्तर को सब सामानों से अलग करते हुए वह विजयी मुद्रा में बोला, ''साहब जी, इधर देखो।''
अनजान–से बनते रामानन्द बोले, ''क्या है ?''
''इसी कनस्तर से घी की खुषबु आ रही दिखती है।'' वह बोला।
''कहाँ भई! यहाँ गाँव में कौन देसी घी भेजता है ? तू जल्दी सामानों को लगा, लंच पर भी जाना है।'' वे बेमन से बोले।
''कहाँ लंच पर चले साब जी ? आज तो लंच खुद चलकर अपने पास आया है। यह देखिये, इसमें से घी की

क्या शानदार सुगन्ध आ रही है ? आऽहाऽहाऽहा। मजा आ गया, लगता है शुद्ध घी से बना हलुआ है।''

रामानन्द जी वैसे तो कायदों के पक्के थे। पूरे कर्मकाण्डी, नेम–व्रत निबाहने वाले। प्रलोभन उनको डिगा नहीं पाता था, लेकिन अच्छा भोजन उनकी कमजोरी थी। उस पर तर माल हो तो कहना ही क्या! सो फटाफट बोले, ''क्या है, जरा इधर ला।''

रामनारायण एक पीपा लाया। उन्होंने गौर से देखा–साधारण कनस्तर था। पानेवाला कोई राम....स गोय. .... कुछ स्पष्ट नहीं दिख रहा था। 'खैर इससे क्या? जरा खोलकर तो देखें, क्या है इसमें! खुषबू तो इसी में से आ रही है। रामनारायण की नाक तेज है, सही बता रहा था।' सोचते हुए वे बोले, ''इसे खोलकर तो देख, क्या है इसमें ?''

''साबजी, अगर इसका मालिक आ गया तो क्या जवाब देंगे?'' उसने आषंका प्रकट की।

''अरे तू डरता बहुत है। क्या जवाब देंगे, मैं हूँ ना, चिन्ता किस बात की ? तू खोल तो सही।'' उन्होनें उतावली में कहा।

रामनारायण एक हथौड़ी ले आया। ऊपर का बारदाना कैंची से काट कनस्तर को बाहर निकाला।

ठक–ठक। दो ही चोट में छोटा ताला टूट कर छिटक गया। कनस्तर खोला तो उसमें तरह–तरह की मिठाईयाँ शुद्ध घी की बनी हुई एक–दूसरे में मिली हुई थीं। कलाकन्द, बरफी, गुलाबजामुन, इमरती, मूँग के लड्डू और न जाने क्या–क्या!! उनकी खुषबू से ही उसकी लार टपकने लग गई।

रामनारायण ने सवाल किया, ''एक से बढ़कर एक मिठाईयां हैं। पर ये टूटी हुई क्यों हैं ?''

''इतना भी नहीं समझता ? अरे डब्बे में भरकर रखते, तो साबुत रहती। अब कनस्तर में भरेंगे, गाड़ी के झटके लगेंगे, तो क्या साबुत बचेंगी ?'' वे उसकी अज्ञानता पर ठठाकर हँस पड़े। अब उनसे सब्र नहीं हो रहा था।

''देख भई रामनारायण, इतनी मिठाईयाँ अकेले न तुझसे बीतेगी, न मुझसे। ऐसा करते है, दोनों आधी–आधी कर लेते है और घर ले चलते हैं। बाल–बच्चे भी खा लेंगे और बची, तो पड़ौसियों को भी दे देंगे। रही बात जवाबदारी की, वो मैं सम्भाल लूँगा।'' वे बड़ी ही दरियादिली से बोले। सच है, फोकट का माल हो तो कन्जूसी कैसी ? सैंत का चन्दन, घिस मेरे लल्ला।

रामनारायण को भला क्या आपत्ति होती! बँटवारा किया गया। दोनों अपने–अपने घर लंच करने चले।

अगले दिन गठीले बदन का एक पैंतालीसेक साल का आदमी बुकिंग कार्यालय आया। आँखों पर काला चष्मा पहने, लम्बी घनी मूँछे, गले में मोटी सोने की चेन और सफ़ेद झक्क कपड़े। ऐसा लगता था जैसे गार्ड हो। अपनी धुक–धुक करती बुलेट मोटर साईकिल को खड़ी कर सीधा उनके कमरे में आया।

''सर, यहाँ कोई पार्सल आया है क्या जयपुर से, रामजस गोमर के नाम का ?'' अन्दर घुसते ही उसने सवाल दागा।

'पार्सल!! जयपुर से! कहीं यह उसी कनस्तर की बात तो नहीं कर रहा है, जिसका माल कल वे दोनों जीम गये थे! बड़ी ही स्वादिष्ट मिठाईयाँ थीं।' सुनते ही एक बार तो वे

सकपका गये, लेकिन उसे कैसे निपटाना है, वे अच्छी तरह जानते हैं। अतः बेफिक्री से बोले, ''बाबूजी, यहाँ तो रोज ही कई पार्सल आते–जाते हैं, आप किस पार्सल की बात कर रहे हैं ?

''जयपुर से आना था। एक पीपा था। मेरा भाई रहता है, उसने भेजा था। कल ही उसका पत्र मिला था। लिखा था कि यहाँ कमिश्नर साहब के बेटे की शादी बड़ी धूमधाम से हुई है। हजारों लोग शादी में आये थे। शुद्ध घी की मिठाईयाँ बनी थीं। खूब झूठन भी बची थी। थोड़ी–सी छाँटकर मैं तुम्हारे लिये कनस्तर में भरकर ट्रेन से भेज रहा हूँ। पँहुचते ही सूचना दे देना।''उसने बड़े तरीके से अपनी बात कही।

कनस्तर ?

पार्सल ?

मिठाईयाँ ?

रामानन्द के दिमाग में ये शब्द हथौड़े की तरह चोट करने लगे। वे निढ़ाल हो सिर पकड़ कर बैठ गये। आगन्तुक को क्या जवाब दें, इससे अधिक चिन्ता और दुख इस बात का हो रहा था कि जो जीम चुके उसका क्या प्रायष्चित होगा?

———————

20. पाँसा पलट गया

जिस तरह दूसरे गाँव होते हैं, उसी तरह का गाँव यह भी है। बेतरतीब कच्ची–पक्की बसावट, कच्ची सड़कें, बड़े–बड़े अहाते, साथ में गाय, भैंस, बकरी आदि मवेषियों के बाड़े, जो कीकर बबूल के पेडों से घिरे हुए हैं। रास्तों पर फैला पानी और सिवायचक जमीन पर पड़ी गौबर की रेवड़ियाँ। गाँव का खुला वातावरण। चारों तरफ जाते अलग–अलग रास्ते। गाँव का नाम है सैदपुर। इसमें कई जातियों और मुस्लिमों के कुछ घर हैं जो हिल–मिल कर रहते हैं और सुख–दुख में एक–दूसरे के काम आते हैं, साथ में तीज–त्योहार मनाते हैं।

 पर एक बात जो इस गाँव को दूसरे गाँवों से अलग करती है, वह है, यहाँ किसी तरह का कोई धार्मिक स्थल नहीं नहीं है। न मन्दिर, न मस्जिद। न मज़ार, न कोई चबूतरा। इसका कारण तो किसी को पता नहीं, लेकिन सैदपुर में ऐसा ही है। यहाँ के लोग नास्तिक हैं, ऐसा नहीं है। ये सभी अपने–अपने धर्म के अनुसार अपने–अपने सामाजिक रीति–रिवाज़ मानते हैं, लेकिन मन्दिर–मस्जिद यहाँ नहीं है। इसी कारण यहाँ मन्दिर–मस्जिद को लेकर होने वाले झगड़े भी नहीं हैं।

––––––––––

वर्षों पूर्व कहीं से एक मुसाफिर गाँव में आया था। अच्छा कद काठी, गौर वर्ण, धोती–कुर्ता पहने तिलक लगाए, सिर पर चोटी। उसने गाँव देखा, गाँव के लोग देखे, गाँव की आबो–हवा देखी और अपना हिसाब–किताब लगा विचार किया कि गाँव में एक मन्दिर होना चाहिए। उसने बस स्टेण्ड के पास चाय की एक छोटी–सी दुकान

खोल ली। जमीन बेकार पड़ी थी, सिवायचक की थी, किसी ने कोई एतराज नहीं किया। गाँवों-कस्बों में इस तरह की छोटी-मोटी दुकानें अक्सर होती ही हैं, कोई स्थाई, कोई अस्थाई।

दुकान में चाय के साथ-साथ नमकीन, बिस्किट, चॉकलेट, जर्दा-गुटखा, बीड़ी-सिगरेट और इसी प्रकार की चीजें रखनी शुरु कर दी।

कुछ ही दिनों में दुकान अच्छी-खासी जम गई। जब आदमी का दिमाग थोड़ा फुरसत में होता है तो नई-नई बातें आती हैं। उसने अपने पहले वाली सोच को पंख लगाये तो खुला आसमान मिला, सात पीढ़ियों के बैठे-बैठे खाने का इन्तजाम नजर आया। बस, इसको अमलीजामा पहनाना बाकी था।

एक दिन गाँव के कुछ लोग बतियाते हुए चाय पी रहे थे। उसने निषाना साधा, ''षादी-ब्याह, मौत-जिन्दगी में धोकने कहाँ जाते हैं ? गाँव में कोई मन्दिर तो है नहीं।''
लोगों ने कहा, ''पास के गाँव में चले जाते हैं। यह गाँव उस गाँव की ही एक ढाणी था। हमारे सारे देवी-देवता, सगस जी, पितर आदि वहीं पर हैं।'' एक ने जवाब दिया। ''पर अब तो यह भी बड़ा गाँव हो गया है। एक मन्दिर तो यहाँ भी होना चाहिये। अपना गाँव कम थोड़े ही है किसी से।'' काँच के गिलास में चाय उँडेलते हुए उसने अगला तीर चलाया।

अबकी बार निषाना सही लगा। एक ग्राहक बोला, ''होना तो चाहिए, पर इस बारे में कभी सोचा ही नहीं।'' चाय पीकर वे लोग चले गये।

दिन में पचासों तरह के इंसान आते–जाते। अब उसका रोज का काम हो गया कि चाय पिलाते पिलाते किसी न किसी बहाने मन्दिर की चर्चा जरुर करता।

चर्चा में बड़ा दम होता है। धीरे–धीरे यह बात गली–मोहल्ले और घर–ऑंगन तक पँहुच गई कि अपने गाँव में भी दूसरे गाँवों की एक मन्दिर होना चाहिए। खास तौर पर स्त्रियाँ इसमें बहुत रुचि लेती और सुबह–षाम पनघट पर चर्चा करतीं।

लोगों को महसूस होने लगा कि अब मन्दिर बिना गुजारा होना कठिन होता जा रहा है। अतः जल्दी ही वो दिन भी आ गया जब इस बात ने पंचायत का रूप ले लिया।

————————

चौपाल पर पंचायत बैठी है। सब लोग मन्दिर–निर्माण को लेकर उत्सुक हैं। तरह तरह की बातें हो रही हैं। मौतबीरों के आ जाने पर पंचायत शुरु हुई। सबसे पहले मुसाफिर ने ही कहना शुरु किया, ''सज्जनों, हमारे कोई काम हो, उसमें मन्दिर की जरुरत पड़ती है, चाहे जन्म हो, मरण हो या परण हो। मन्दिर हमारा दूसरे गाँव में है, जहाँ आने जाने में समय खराब होता है और बेकार की मेहनत भी होती है। अतः एक मन्दिर अपने गाँव में भी हो तो अच्छा है।''

''बात तो आपकी ठीक है लेकिन मन्दिर किस देवता का होना चाहिए?'' एक बुजुर्ग ने सवाल किया।

''किसका होना चाहिए, यह भी कोई पूछने की बात है भला ? देवों के देव महादेव से बढ़कर कोई है? उनका ही होना चाहिए।'' दूसरे बुजुर्ग ने जवाब दिया।

''लेकिन श्रीराम के मन्दिर में क्या परेषानी है ? वे विष्णु के अवतार हैं और मर्यादा पुरुषोत्तम हैं। जय श्री राम।'' एक युवा उत्साह में बोला।

''लेकिन श्रीकृष्णजी का मन्दिर सबसे सही रहेगा, क्योंकि जन्माष्ठमी पर हमें पुराने गाँव जाना पड़ता है और आकर ब्रत खोलने में काफी रात हो जाती है।'' दूसरे युवा ने कहा।

बात में दम था।

फिर तय यही रहा कि मुख्य मूर्ति बालकृष्ण ही होगी और अन्य भगवानों की मूर्तियाँ भी रहेंगी।

मुसाफिर मन ही मन खुष हो रहा था। चरणबद्ध तरीके से उसकी योजना मूर्त रूप लेती जा रही थी।

देवता के चयन के बाद जगह का प्रश्न आया। चूंकि गाँव में जगह की कोई कमी नहीं थी, फिर भी काफी विचारकर बस स्टेण्ड के सामने ही खाली पड़ी जमीन में मन्दिर बनना तय हुआ। वहाँ पाँच–सात घने पेड़ भी थे, थोड़ा आगे गाँव का बड़ा तालाब था, स्कूल, चिकित्सालय, डाकघर, आदि सभी पास–पास ही थे।

अब अगला और महत्त्वपूर्ण प्रश्न सामने आया। वह यह कि मन्दिर बने कैसे, अर्थात् धनराषि कहाँ से आए ?

मुसाफिर कच्चा खिलाड़ी नहीं था। पूरी तैयारी के साथ आया था। पूरे जोष में बोला, ''भाईयों भगवान के काम में क्या कन्जूसी करना ? हम सभी के सहयोग से मन्दिर बनेगा, इसके लिये सबसे पहले मैं 501/– देता हूँ।'' कहते हुए उसने अण्टी में से नोट निकाल कर सबके सम्मुख रख दिए।

उसके देखा–देखी कई और लोगों ने भी अपनी इच्छानुसार धनराषि रखी।

कुछ ही समय में यह भी तय कर लिया गय कि मन्दिर की पूजा वह मुसाफिर ही कर लिया करेगा और उसी के एक कमरे में रह भी लेगा। वह मन ही मन बहुत खुष हो रहा था।

अचानक हायर सेकैण्डरी स्कूल के प्रधानाचार्य बनवारी लाल जी मेघवाल खड़े हुए। पूरे गाँव में उनका काफी मान–सम्मान था और पंचायत में बैठे लोगों में कितने ही उनके पढ़े हुए छात्र थे। उनके कितने ही छात्र शहरो में और कस्बों में अच्छी नौकरियों में थे और जब भी गाँव आते उनके लिए उपहार लाना नहीं भूलते थे।

सब सावधानी से बैठ गये, प्रिन्सिपल साहब क्या कहते हैं ?

''साथियों, बहुत देर से मन्दिर–निर्माण पर चर्चा चल रही है। अच्छी बात है। लोगों में धार्मिक भावनाएँ बनी रहेंगी। शान्त वातावरण है। प्राकृतिक माहौल है। पर मेरा एक सवाल है। सब कुछ तय हो ही गया है। लेकिन यह तय नहीं हुआ है कि आखिर जमीन और मन्दिर की रजिस्ट्री किसके नाम होगी और पूजा में आये हुए धन का मालिक कौन होगा ?''

पहली बार मुसाफिर को लगा कि उसने जो बाँध बनाया है, उसे जोरदार आघात लगा है और इसे नहीं रोका गया तो बाँध टूट जायेगा।

वह तुरन्त ही खड़ा हुआ और अपने आप को पूर्ण शान्त प्रदर्शित करते हुए बोला, ''साहब, वैसे तो मैंने जो भी मन्दिर देखे है, सभी में इस राषि पर भगवान का ही

अधिकार होता है। उनके ही बनाव-श्रृंगार में और उत्सवों में सारी राषि खर्च होती है। जो सौ-दो सौ बचते हैं उनसे पुजारी अपना गुजारा चला लेता है।''

''अच्छा!!'' मेघवाल साहब ने संषय से कहा।

वे पढ़े-लिखे इंसान थे और तपकर कुन्दन बने थे। उन्होंने दुनिया देखी थी और देख रहे थे कि किस तरह एक वर्ग ने धर्म को धन्धा बना रखा है और मेहनतकष लोगों की कमाई पर ऐष की जिन्दगी जी रहा है। यह गाँव अभी तक इस धन्धे से मुक्त था, लेकिन अब यहाँ भी उसकी आहट सुनाई देने लगी है। उनके होते ऐसा हो जाये, यह मुमकिन नहीं।

वे धीर-गम्भीर स्वर में बोले, ''साथियों, मन्दिर के लिये जगह, देवता, पुजारी, खर्चे की राषि आदि सारी बातें तय हो चुकी हैं। अच्छी बात है। लेकिन मैं आप से सिर्फ एक बात जानना चाह रहा हूँ। सभी सोच-समझकर जवाब दे।''

सभा में एकदम सन्नाटा छा गया। आखिर क्या बात पूछना चाह रहे हैं मेघवाल साहब?

''मुझे बीस साल से अधिक हो गये इस गाँव में पढ़ाते। आज तक मन्दिर के बिना हमारा कोई काम अटका या बिगड़ा है क्या जो अब मन्दिर बनाया जा रहा है ?'' बोलते-बोलते दोनों हाथ जोड़ लिए थे मेघवाल साहब ने।

सभा सुट्ट!! सभी चुप्प!! मुसाफिर के पैरो के नीचे से जमीन खिसक गई थी, उसका बाँध टूटकर मेघवाल साहब की वाणीराषि में बह चुका था। वह सिर पकड़ कर बैठ गया।

वे आगे बोले, ''मन्दिर से कोई दुराव नहीं, लेकिन आज हमारे जीवन में उससे अधिक उपयोगी चीज की जरूरत है, जो हमारे नौनिहालों को आगे बढ़ा सकती है, युवाओं के सपने साकार कर सकती है और इस गाँव में सरकारी अधिकारी—कर्मचारियों की फौज तैयार कर सकती है। जब बच्चे पढ़—लिख कर नौकरियाँ पायेंगे, अच्छे अधिकारी बनेंगे, तो गाँव का विकास होगा। सोचो, इन बच्चों में से ही कोई कलेक्टर, कोई एसपी, कोई जज बन जाये तो हमारे गाँव की समस्यायें दूर होंगी कि नहीं ? इनमें से ही कोई पटवारी, कोई गिरदावर, कोई बीडीओ तो कोई थानेदार हो तो आपकी समस्यायें हल होंगी कि नहीं ?''
'यहाँ तो दिषा ही बदल गई। पता नहीं अब यह क्या करेंगे ?' बैठे—बैठे सोच मे डूब गया था मुसाफिर।

''मेरा मानना है कि इसी जगह पर एक लाइब्रेरी होनी चाहिए, जिसमें गाँव के पढ़े—लिखे बच्चे आगे परीक्षाओं की तैयारी करें। इसमें सारी सुविधायें हो जायेंगी, क्योंकि यही जगह पंचायत से लाइब्रेरी के लिये अलॉट करवा लेंगे। जो राषि मंदिर में लगाना चाह रहे हैं, वह अपने बच्चों के भविष्य के लिए हम लगा ही सकते हैं ताकि आगे वो हमारा सहारा बन सकें। रही बात सार—सम्भाल की, तो छह महीने बाद मेरा रिटायरमेण्ट है, मैं सम्भाल लूंगा, और भी कोई साथी आना चाहें, उनको साथ ले लेंगे। सरकारी मदद की भी जरूरत पड़ी तो ले लेंगे, क्योंकि सरकार में इस प्रकार मदद का प्रावधान है।'' वे बात खत्म करते हुए बोले।
''बहुत सही बात कही साहब ने। इससे तो गाँव का काया—कल्प ही हो जायेगा।'' एक युवा बोला।

'' और क्या, शहर में महंगे कमरे लेकर तैयारी करते हैं। इतना खर्चा करते हैं, फिर भी कईयों का नम्बर नहीं आता है। यहीं रहकर घर में ही अच्छी तैयारी करेंगे तो क्यों नहीं आगे बढ़ेंगे??'' दूसरे ने समर्थन किया।

''मेरी तरफ से इक्यावन सौ रुपये लाइब्रेरी के नाम।'' रामसिंह ठेकेदार खड़े होकर बोले। वे खुद परिस्थितियों के कारण अधिक नहीं पढ़ पाये थे, लेकिन पढ़े–लिखों का बहुत सम्मान करते थे और उनकी दोनों सन्तानें अभी शहर रहकर प्रतियोगी परीक्षाओं की तैयारी कर रही थीं।

इसके बाद तो पैसे देने की होड़ मच गई। जो नकद नहीं दे पा रहे थे, वे लिखवा ही रहे थे। बात–की बात में एक लाख से अधिक धनराशि इकट्ठी हो गई।

वहीं लाइब्रेरी निर्माण कमेटी का गठन किया गया। सभा समाप्ति पर सभी के चेहरों पर सन्तोष था कि आज एक नेक काम की शुरुआत हुई।

अगले दिन हर किसी ने देखा, बस स्टेण्ड से मुसाफिर की दुकान उठ चुकी थी। वह रात को ही गाँव छोड़कर जा चुका था।